APRENDE INGLÉS

LAS VERDADERAS CLAVES PARA APRENDER INGLÉS

Este libro ha sido revisado y certificado por la Doctora **Carolyn Susan G.** de Inglaterra, como material confiable y de calidad para el aprendizaje del inglés. Contiene los primeros pasos para aprender el idioma.

Doctora en Educación y Maestría en Administración de Empresas. Inglaterra.

Ruiz Hernández, José - Aprende inglés /
Editorial Amerrisque. Managua, Nic., 2023.

Págs.: 136

ISBN: **978-99964-27-91-6**

1. ESTUDIO - 2. APRENDIZAJE DEL INGLÉS

CONTACTAR AL AUTOR

Móvil: 505 8447 5769

E-mail: jn01818@gmail.com

DISEÑO EDITORIAL

Mauricio Valdez Rivas

Edición al cuidado del autor

CONTENIDO

INTRODUCCIÓN:
1. APRENDE INGLÉS EFICAZMENTE IMPORTANCIA DEL IDIOMA INGLÉS 11
2- OBJETIVO DE ESTE LIBRO 12
3- ¿CÓMO USAR ESTE LIBRO? 12
4- LIBRO DE NO FICCIÓN 13

TEMA 1: PRONOMBRES PERSONALES O PRONOMBRES SUJETO
1. DEFINICIÓN 14
2. ESTRUCTURA DE LOS PRONOMBRES PERSONALES EN FUNCIÓN DEL SUJETO 15
3. EXPLICACIÓN SOBRE EL USO DE "IT" Y EJEMPLOS 15
4. EXPLICACIÓN SOBRE EL USO DE "HE" (ÉL) Y "SHE" (ELLA) 17
5. EXPLICACIÓN SOBRE "THEY" 17

TEMA 2: EL VERBO "TO BE" (SER O ESTAR)
1. DEFINICIÓN 18
2. VERBO "TO BE" (SER O ESTAR) EN PRESENTE SIMPLE 18
3. CONJUGACIÓN Y SIGNIFICADO DEL "TO BE" EN PRESENTE SIMPLE 19
4. EJEMPLOS DE ORACIONES CON "TO BE" EN PRESENTE SIMPLE 19
5. EL VERBO "TO BE" SE TRADUCE EN ESPAÑOL SER O ESTAR SEGÚN EL CONTEXTO 20
6. FORMA "TO BE" NEGATIVA LARGA EN PRESENTE SIMPLE Y EJEMPLOS 20
7. OTROS USOS O SIGNIFICADOS DEL "TO BE" Y EJEMPLOS 21

TEMA 3: VERBO "TO BE" EN PASADO Y SUS FORMAS INTERROGATIVAS, AFIRMATIVAS Y NEGATIVAS 22

TEMA 4: PRESENTE SIMPLE INTERROGATIVO DEL VERBO "TO BE"

1. ESTRUCTURA INTERROGATIVA DEL "TO BE" Y EJEMPLOS 27
2. EJEMPLOS DE ORACIONES INTERROGATIVAS CON "TO BE" 28

TEMA 5: CONTRACCIONES DEL VERBO "TO BE" Y SU ESTRUCTURA

1. DEFINICIÓN 29
2. ESTRUCTURA AFIRMATIVA DEL "TO BE" EN PRESENTE SIMPLE.29
3. ESTRUCTURA DE LAS CONTRACCIONES DEL "TO BE" EN PRESENTE SIMPLE AFIRMATIVO Y NEGATIVO 30
4. EJEMPLOS DE ORACIONES CON CONTRACCIÓN Y SIN CONTRACCIÓN 31
5. MÁS EXPLICACIONES Y EJEMPLOS DE CONTRACCIONES 32

TEMA 6: REPASO DEL "TO BE" INTERROGATIVO EN PRESENTE SIMPLE, CON RESPUESTAS CORTAS Y LARGAS

1. ESTRUCTURA GRAMATICAL 33
2. RESPUESTAS LARGAS AFIRMATIVAS Y EJEMPLOS 34
3. RESPUESTAS LARGAS NEGATIVAS Y EJEMPLOS 34
4. RESPUESTAS CORTAS AFIRMATIVAS Y EJEMPLOS 35
5. TRES FORMAS DE RESPUESTAS CORTAS NEGATIVAS CON CONTRACCIÓN, SIN CONTRACCIÓN Y EJEMPLOS CON "TO BE" 36
6. REPASO CON MÁS EJEMPLOS 37

TEMA 7: PRESENTE SIMPLE AFIRMATIVO (CONJUGACIÓN)

1. DEFINICIÓN 39
2. TABLA DE ESTRUCTURA PARA FORMAR EL PRESENTE SIMPLE AFIRMATIVO CON EL VERBO "TO WORK" "TRABAJAR" Y EJEMPLOS 39
3. EJEMPLOS DE ORACIONES AFIRMATIVAS EN PRESENTE SIMPLE 41
4. EXPLICACIÓN 41
5. TRES CASOS ESPECIALES DE VERBOS EN PRESENTE SIMPLE AFIRMATIVO, CON EJEMPLOS Y NOTAS 42

TEMA 8: EL VERBO "TO DO" COMO AUXILIAR EQUIVALE A "DO" Y "DOES"

1. DEFINICIÓN 44
2. ESTRUCTURA DEL VERBO AUXILIAR "TO DO" EN FORMA INTERROGATIVA 44
3. ESTRUCTURA PARA FORMAR ORACIONES INTERROGATIVAS EN PRESENTE SIMPLE CON EL VERBO AUXILIAR "TO DO" 45
4. RESPUESTAS NEGATIVAS Y AFIRMATIVAS (LARGAS Y CORTAS) USANDO "DO" Y "DOES" 46
5. ESTRUCTURA DE "DO" Y "DOES" DE FORMA LARGA NEGATIVA Y FORMA CORTA NEGATIVA, SEGÚN EL PRONOMBRE CORRESPONDIENTE 46
6. ORACIONES INTERROGATIVAS CON SUS RESPUESTAS NEGATIVAS LARGAS Y RESPUESTAS AFIRMATIVAS CORTAS........48

TEMA 9: ¿CÓMO FORMAR ORACIONES NEGATIVAS EN PRESENTE SIMPLE CON "DON'T" Y "DOESN'T"?

1. TABLA DEL AUXILIAR "DO" EN NEGATIVO QUE EQUIVALE A "DON´T" Y "DOESN´T" QUE SIGNIFICAN "NO", EN SU FORMA NEGATIVA CON SUS PRONOMBRES CORRESPONDIENTES 49
2. ESTRUCTURA Y EJEMPLOS DE ORACIONES NEGATIVAS CON EL AUXILIAR "DO" EN NEGATIVO: "DON´T" Y "DOESN´T" 50
3. REPASO DE ESTRUCTURA DE LAS ORACIONES NEGATIVAS, AFIRMATIVAS E INTERROGATIVAS 51

TEMA 10: ¿CÓMO FORMAR EL GERUNDIO EN INGLES (ING)?

1. DEFINICIÓN 53
2. EJEMPLOS DE GERUNDIO "ING" CON ALGUNOS DE LOS VERBOS MÁS USADOS EN INGLÉS 53
3. TRES REGLAS DEL GERUNDIO PARA CASOS ESPECIALES CON RESPECTO A LAS TERMINACIONES DEL VERBO Y EJEMPLOS 54

TEMA 11: PRESENTE PROGRESIVO CON "TO BE"

1. DEFINICIÓN 56
2. ¿CÓMO CONSTRUIR ORACIONES AFIRMATIVAS EN PRESENTE CONTINUO? TABLA DE ESTRUCTURA CON EJEMPLOS 56
3. MÁS EJEMPLOS DE ORACIONES AFIRMATIVAS EN PRESENTE CONTINUO..57

TEMA 12: VERBOS MODALES MÁS USADOS (ALGUNOS EN SU FORMA PRETÉRITA)

1. CONCEPTO 58
2. REGLAS Y CARACTERÍSTICAS PARA LOS VERBOS MODALES EN GENERAL 58
3. FUNCIONES Y SIGNIFICADOS 59
4. ESTRUCTURA GRAMATICAL Y TABLA CON EJEMPLOS PARA CONSTRUIR ORACIONES AFIRMATIVAS, USANDO LOS VERBOS MODALES 59
5. ESTRUCTURA GRAMATICAL Y EJEMPLOS PARA CONSTRUIR ORACIONES NEGATIVAS CON "NOT" CON LOS VERBOS MODALES 60
6. ESTRUCTURA GRAMATICAL DE LOS VERBOS MODALES Y EJEMPLOS PARA CONSTRUIR ORACIONES INTERROGATIVAS .61
7. ESTRUCTURA GRAMATICAL CON EJEMPLOS PARA CONSTRUIR ORACIONES NEGATIVAS CON CONTRACCIÓN, USANDO LOS VERBOS MODALES 62

TEMA 13: PRONOMBRES OBJETOS.. 63

1. DEFINICIÓN 63
2. USO 63
3. PRONOMBRES PERSONALES CON SU RESPECTIVO PRONOMBRE OBJETO Y SU SIGNIFICADO 63
4. EJEMPLOS DE ORACIONES USANDO LOS PRONOMBRES OBJETOS 64

TEMA 14: ADJETIVOS POSESIVOS 66

1. CONCEPTO 66
2. TABLA DE ADJETIVOS POSESIVOS Y SU RESPECTIVO SIGNIFICADO 66
3. EXPLICACIÓN Y EJEMPLOS 67

TEMA 15: PRONOMBRES POSESIVOS... 69

1. DEFINICIÓN 69
2. PRONOMBRES POSESIVOS Y SUS SIGNIFICADOS 69
3. EJEMPLOS DE ORACIONES USANDO LOS PRONOMBRES POSESIVOS 70

TEMA 16: REPASO DE LOS PRONOMBRES EN INGLÉS..............71

TEMA 17: ARTÍCULOS "THE", "A" Y "AN"
1. USO 72
2. CUÁNDO NO SE USA EL ARTÍCULO
    DEFINIDO "THE" 73
3. ARTÍCULO "A" 74
4. ARTÍCULO "AN" 74
5. LA EXCEPCIÓN MÁS COMÚN EN EL CASO DEL ARTÍCULO "AN" .75

TEMA 18: FUTURO CON "WILL" **76**
1. DEFINICIÓN 76
2. ORACIONES AFIRMATIVAS CON "WILL" 76
3. FORMA INTERROGATIVA CON "WILL" CON RESPUESTAS
    AFIRMATIVAS Y NEGATIVAS 77
4. MÁS EJEMPLOS DE LA FORMA INTERROGATIVA CON "WILL"
    Y SUS RESPUESTAS CORTAS AFIRMATIVAS Y NEGATIVAS 78

TEMA 19: FUTURO CON "GOING TO" **80**
1. USO 80
2. ESTRUCTURA AFIRMATIVA CON "GOING TO" 80
3. ESTRUCTURA NEGATIVA CON "GOING TO" 81
4. ESTRUCTURA INTERROGATIVA CON "GOING TO"
    Y SUS RESPUESTAS AFIRMATIVAS Y NEGATIVAS 82

TEMA 20: "THERE IS" Y "THERE ARE" **84**
1. USO 84
2. TABLA DE ESTRUCTURA 84
3. FORMA AFIRMATIVA CON "THERE IS" Y "THERE ARE"
    EN PLURAL Y SINGULAR 85
4. EJEMPLOS CON LA FORMA INTERROGATIVA "IS THERE"
    Y "ARE THERE" Y SUS RESPUESTAS 86

**TEMA 21: PRINCIPALES PRONOMBRES INTERROGATIVOS
"WHERE" "WHAT" "WHEN" "HOW" "WHY" "WHO" "WHOM"
"WHOSE" Y "WHICH"**
1. WHERE? (WÉR) ¿DÓNDE? 89
2. WHAT? (WÁT) ¿QUÉ? SE USA PARA PREGUNTAR SOBRE
    UN OBJETO O CUALQUIER ACONTECIMIENTO. 89
3. WHEN? (WÉN) ¿CUÁNDO? PARA PREGUNTAR ACERCA DEL
    MOMENTO EN QUE OCURRIRÁ U OCURRIÓ LA ACCIÓN. 90

4. HOW? (JÁU) ¿CÓMO? PARA PREGUNTAR ACERCA DE LA MANERA O FORMA QUE OCURRE LA ACCIÓN. 90

5. WHY? (WÁY) ¿POR QUÉ? 91

6. WHO? (JÚ) ¿QUIÉN? PARA PREGUNTAR ACERCA DE PERSONAS. 91

7. WHOM? (JUM) ¿QUIÉN?, ¿A QUIÉN?, ¿A QUIÉNES?, ¿A CÚAL?, ¿A CUÁLES? 91

8. WHOSE? (JÚS) ¿DE QUIÉN? 92

9. WHICH? (WICH) ¿CUÁL? O ¿CUÁLES? 92

TEMA 22: ADJETIVOS DEMOSTRATIVOS "THIS" Y "THESE", "THAT" Y "THOSE" 94

TEMA 23: LA HORA
1. CÓMO DECIR LA HORA EN INGLÉS 97
2. LAS DISTINTAS MANERAS DE RESPONDER 97
3. USANDO "PAST" SIGNIFICA "DESPUES DE LAS" 98
4. USANDO "TO" QUE SIGNIFICA "PARA LAS" 98
5. SE USA TAMBIÉN 99
6. USO DE "HALF PAST…" 99

TEMA 24: NÚMEROS CARDINALES Y ORDINALES 100

TEMA 25: LOS COLORES 101

TEMA 26: VERBOS MÁS USADOS EN INGLÉS Y VOCABULARIO GENERAL 102
VOCABULARIO GENERAL 103

TEMA 27: ALGUNAS PREGUNTAS Y FRASES COTIDIANAS 104

EJERCICOS DE CADA TEMA

TEMA 1:
EJERCICIOS USANDO LOS PRONOMBRES PERSONALES 107

TEMA 2:
EJERCICIOS CON EL VERBO "TO BE" 108

TEMA 3:
EJERCICIOS CON EL VERBO "TO BE" EN PASADO 111

TEMA 4:
EJERCICIOS CON EL PRESENTE SIMPLE INTERROGATIVO
DEL VERBO "TO BE" 114

TEMA 5:
EJERCICIOS DE LAS CONTRACCIONES DEL VERBO
"TO BE" EN PRESENTE AFIRMATVO Y NEGATIVO 116

TEMA 6:
EJERCICIOS CON EL VERBO "TO BE" INTERROGATIVO 118

TEMA 7:
EJERCICIOS CON EL PRESENTE SIMPLE AFIRMATIVO 120

TEMA 8:
EJERCICIOS CON PREGUNTAS USANDO "DO" Y "DOES" 121

TEMA 9:
EJERCICIOS CON ORACIONES NEGATIVAS EN PRESENTE
SIMPLE (DON'T Y DOESN'T) 122

TEMA 10 Y 11:
EJERCICIOS EN PRESENTE PROGRESIVO 123

TEMA 12:
EJERCICIOS CON LOS VERBOS MODALES MÁS USADOS
(CAN, SHOULD, COULD, WILL, WOULD, MUST) 124

TEMA 13:
EJERCICIOS CON LOS PRONOMBRES OBJETOS..................................125

TEMA 14:
EJERCICIOS USANDO ADJETIVOS POSESIVOS................................126

TEMA 15:
EJERCICIOS USANDO LOS PRONOMBRES POSESIVOS....................127

TEMA 16:
EJERCICIOS CON LOS PRONOMBRES EN INGLÉS 128

TEMA 17:
EJERCICIOS CON LOS ARTÍCULOS "THE", "A" Y "AN" 129

TEMA 18:
EJERCICIOS DEL FUTURO CON "WILL" 130

TEMA 19:
EJERCICIOS USANDO "GOING TO" PARA EL FUTURO 131

TEMA 2O:
EJERCICIOS CON "THERE IS" Y "THERE ARE" 132

TEMA 21:
EJERCICIOS CON PRONOMBRES INTERROGATIVOS 133

TEMA 22:
REPASO Y EJERCICIOS CON LOS ADJETIVOS
DEMOSTRATIVOS "THIS" Y "THESE", "THAT" Y "THOSE" 134

TEMA 23:
EJERCICIOS CON LA HORA 136

INTRODUCCIÓN

1. APRENDE INGLÉS EFICAZMENTE

IMPORTANCIA DEL IDIOMA INGLÉS

El inglés es el idioma universal para la comunicación más hablado en todo el mundo, con más de 1,500 millones de personas que lo tienen como primera o segunda lengua en los cinco continentes y es el idioma oficial más usado para los negocios, la ciencia y la tecnología.

En la actualidad cualquier empresa o institución probablemente decidirá contratar a alguien que, además de su profesión, tenga la capacidad de comunicarse en inglés, por múltiples factores competitivos y beneficiosos para la misma.

En estos tiempos modernos, hablar inglés es una herramienta fundamental para encontrar empleo. En la actualidad es de vital importancia para estar a la vanguardia de nuestra profesión debido a que ningún otro idioma tiene más ventajas que el inglés en muchos aspectos personales y empresariales. Por esa misma razón, dicho idioma ya no se trata de una opción; sino de una necesidad.

El Inglés también es muy importante para crecer y desarrollarte en muchos aspectos positivos de tu vida, para nuestro desarrollo profesional, para interactuar con personas a nivel mundial, o para tener la oportunidad de trabajar con personas de países desarrollados, ya sea en nuestro país o en cualquier otro donde te encuentres. Además, es muy importante como segunda lengua para acelerar el aprendizaje de un tercer idioma o en caso que queramos convertirnos en políglotas, tendremos a nuestra disposición las técnicas y estrategias necesarias que ya hemos usado para el Inglés como nuestra segunda lengua.

2- OBJETIVO DE ESTE LIBRO

Este libro fue especialmente diseñado con los pasos principales para empezar a aprender el idioma inglés. También puede usarse como apoyo para el inglés durante la secundaria. Al mismo tiempo, está diseñado de una manera muy clara con el objetivo de ser útil como manual de enseñanza para principiantes por su propia cuenta.

También ha sido diseñado con la estructura gramatical básica para empezar formando oraciones y textos por cuenta propia. Ofrece explicaciones básicas más importantes y claras, así como un sistema de pronunciación muy claro y aproximado.

Está basado en una serie de estructuras gramaticales; hay una para oraciones afirmativas, para negativas y otra para las interrogativas. Al aprender bien estas estructuras, expresiones cotidianas, frases y vocabulario lograrás la capacidad de entender y formular ideas propias. También empezarás a expresarte y alcanzar un buen nivel de conocimiento del idioma.

3- ¿CÓMO USAR ESTE LIBRO?

Este libro contiene frases únicamente relacionados con la estructura de los temas, y no frases que son para aprenderse de memoria sin saber de dónde viene su estructura. No es un libro para recitar, sino un libro con las herramientas básicas principales para construir tus propias oraciones.

Se ha utilizado un sistema aproximado de pronunciación sencillo, que aparece siempre entre paréntesis con letras y no con símbolos fonéticos que suelen ser más complicados de comprender. Por eso se han utilizado vocales y consonantes del español que más se aproximen al sonido en inglés. Recuerda que en Inglés de Estados Unidos las letras t, tt y d, dd se pronuncian con r, a diferencia del Inglés de Inglaterra que se pronuncia igual. Entre paréntesis están las dos formas separadas.

Ejemplo:

1. Body (bódi/bári)

2. Ready (ruédi/ruéri)

4- LIBRO DE NO FICCIÓN

Todos los derechos son reservados. Ninguna parte de este libro puede ser reproducida, modificada de ninguna forma, por ningún medio electrónico o físico, ya sea fotocopia o grabación sin el permiso del autor.

TEMA 1

PRONOMBRES PERSONALES O PRONOMBRES SUJETO

1. DEFINICIÓN

Los pronombres personales o pronombres sujetos son palabras cortas que se utilizan principalmente para reemplazar un sustantivo o nombre en la oración. En definición sencilla, un pronombre es una palabra corta que usamos como sustituto del nombre propio de una persona, como también pueden referirse a objetos y animales.

I (ái) - **yo**

You (iú) - **tú, usted**

He (ji) - **él**

She (shí) - **ella**

It (it) - **lo, eso** (ello)
(Para objetos, animales y lugares).

We (wí) - **nosotros, nosotras**

You (iú) - **ustedes, vosotros**

They (déy) - **ellos, ellas.**
(También se usa para objetos, animales y lugares).

2. ESTRUCTURA DE LOS PRONOMBRES PERSONALES EN FUNCIÓN DEL SUJETO

	Singular					Plural		
	1ª Persona	2ª Persona	3ª Persona			1ª Persona	2ª Persona	3ª Persona
Sujeto	I	You	He	She	It	We	You	They

3. EXPLICACIÓN SOBRE EL USO DE "IT" Y EJEMPLOS

It: ¿Qué es it? ¿Cuándo se utiliza?

It: Es el pronombre en inglés que se utiliza para hablar de objetos, animales, fenómenos meteorológicos, para decir la hora, distancia y combinado con adjetivos.

Ejemplos:

- **Al referirse a cosas**

  Ejemplos usando "it":

  1. **It is** a big bag. (It is a big bag). **Es** una bolsa grande.

  2. **It is** a small house. (It is a smól jáus).
     Es una casa pequeña.

  3. **It is** a big wall. (It is a big wól). **Es** una pared grande.

- **Al referirse a animales:**

  1. **It is** very big. (It is véri big). **Es** muy grande (el animal).

  2. **It is** a cute kitty. (It is a kiút kíti/kíri). **Es** un lindo gatito.

- **Fenómenos meteorológicos/clima:**

    1. **It is** very hot. (It is véri jot). **Está** muy caliente/**hace** mucho calor.

    2. **It is** raining. (It is réining). **Está** lloviendo.

    3. **It is** sunny. (It is sáni). **Hace** sol/**está** soleado.

    4. **It is** very cloudy today. (It is véri cláudi/cláuri tudéy). **Está** muy nublado hoy.

- **Para decir la hora:**

    1. **It´s** three o´clock. (Its zruí o'clock). **Son** las tres en punto.

    2. **It´s** 1:30 p.m. (Its uán zérti/zéri pi em). **Es** la 1:30 (una y treinta p.m).

- **Distancia**

    1. **It is** very far. (It is véri far). **Está/es** muy lejos.

    2. **It is** very near. (It is véri nir). **Está/es** muy cerca.

    3. **It is not** so far. (It is nat sóu far). **No es/no está** tan lejos.

- **Combinado con adjetivos**

    1. **It is** beautiful. (It is biútiful/biúriful). **Es/está** bonito.

    2. **It is** ugly. (It is ógli). **Es/está** feo.

    3. **It is** big. (It is big). **Es/está** grande.

4. EXPLICACIÓN SOBRE EL USO DE "HE" (ÉL) Y "SHE" (ELLA)

También son usados para referirse a mascotas, cuando existe una relación muy afectiva y especial con un animal. Algunas personas se sentirían ofendidas si llamas a sus amadas mascotas con **"it"**, ya que son tan especiales como su propia familia.

1. **He** likes to sniff. (Ji láiks tu sníf).
   A él le gusta olfatear (al perro).

2. **She is** beautiful. (Shí is biútiful/biúriful).
   Ella es bonita (la gatita).

3. **He is** black. (Ji is blák).
   Él es negro (el perro).

5. EXPLICACIÓN SOBRE "THEY"

They (ellas, ellos) también es usado en plural para referirse a objetos inanimados, animales y lugares.

1. **They are** very expensive shoes. (Déy ar véri expénsiv shus).
   (Ellos) son zapatos muy caros.

2. **They are** very dangerous animals. (Déy ar véri dényores ánimols). **(Ellos) son** animales muy peligrosos.

3. **They are** beautiful places. (Déy ar biútiful/biúriful pléices).
   (Ellos) son lugares bonitos.

TEMA 2

EL VERBO "TO BE" (SER O ESTAR)

1. DEFINICIÓN

El verbo **"to be"** significa **"ser"** o **"estar"** según el contexto. Este verbo es el más utilizado y uno de los principales en la lengua inglesa. Es el más importante y uno de los más irregulares en todas sus formas y se usa siempre en numerosas oraciones. Por estas razones, al aprender a usar este verbo en sus tiempos y estructuras básicas, obtienes el conocimiento necesario para empezar a expresarte de forma personal, para describir características de personas, cosas, animales y muchos aspectos en general. Su diversidad de usos es definitivamente muy amplio y esencial de muchas maneras.

2. VERBO "TO BE" (SER O ESTAR) EN PRESENTE SIMPLE

Cuando escribimos **"to be"** (**ser** o **estar**) de esta manera, no está conjugado, es decir está en infinitivo. Cuando está conjugado en presente simple se encuentra así: **am, is, are**.

Pronombre	To be
I	am
You	are
He	is
She	is
It	is
We	are
You	are
They	are

3. CONJUGACIÓN Y SIGNIFICADO DEL "TO BE" EN PRESENTE SIMPLE

I am (áy am)   Yo soy/yo estoy

You are (iú ar)   Tú eres/tú estás - usted es/usted está

He is (ji is)   Él es/él está

She is (shí is)   Ella es/ella está

It is (it is)   Ello es/ello está

We are (wí ar)   Nosotros somos/nosotros estamos

You are (iú ar)   Ustedes son/ustedes están/ vosotros sois/vosotros estáis

They are (déy ar) Ellos son/ellos están

4. EJEMPLOS DE ORACIONES CON "TO BE" EN PRESENTE SIMPLE

1. **I am** in Managua now. (Áy am in Managua náu).
   Yo estoy en Managua ahora.

2. **You are** at work now (iú ar at work náu).
   Tú estás en el trabajo ahora.

3. **He is** on the street. (Ji is on de strit).
   Él está en la calle.

4. **She is** at the restaurant now. (Shí is at de réstorant náu).
   Ella está en el restaurante ahora.

5. **It is** sunny today. (It is sáni tudéy).
   Hace sol hoy.

6. **We are** very busy today. (Wí ar véri bísi tudéy).
   Nosotros estamos muy ocupados hoy.

7. **You are** very tired (iú ar véri táierd).
   Ustedes están muy cansados/**vosotros estáis** muy cansados.

8. **They are** very wet. (Déy ar véri wet).
   Ellos están muy mojados.

5. EL VERBO "TO BE" SE TRADUCE EN ESPAÑOL SER O ESTAR SEGÚN EL CONTEXTO

Ejemplos:

1. **She is** from Nicaragua. Se traduce: **Ella es** de Nicaragua.
   Ella está de Nicaragua. Incorrecto.

2. **I am** Peter. **Yo soy** Pedro.
   Yo estoy Pedro. Incorrecto.

3. **She is** my mother. **Ella es** mi mamá.
   Ella está mi mamá. Incorrecto.

4. **He is** very busy. **Él está** muy ocupado/**Él es** muy ocupado.
   En este caso ser (**es**) y estar (**está**), ambas formas de
   traducciones son posibles.

6. FORMA "TO BE" NEGATIVA LARGA EN PRESENTE SIMPLE Y EJEMPLOS

Estructura: Primero se escribe el **pronombre** + **to be** (am, is, are) + "not" + **el complemento**, si hay.

Pronombre	To be	Not	Complemento
I	am	not	at work
You	are	not	at work
He	is	not	at work
She	is	not	at work
It	is	not	working now

We	are	not	at work
You	are	not	at work
They	are	not	at work

- **Ejemplos de oraciones con "to be" en presente simple negativa con "not" de forma larga:**

1. **I am not** in Nicaragua. (Áy am nat in Nicaragua).
   Yo no estoy en Nicaragua.

2. **She is not** at home. (Shí is nat at jom).
   Ella no está en casa.

3. **He is not** happy. (Ji is nat jápi).
   Él no está feliz.

4. **They are not** in Managua now. (Déy ar nat in manágua náu).
   Ellos no están en Managua ahora.

5. **We are not** busy. (Wí ar nat bísi).
   Nosotros no estamos ocupados.

7. OTROS USOS O SIGNIFICADOS DEL "TO BE" Y EJEMPLOS

El verbo **"to be"** tiene principalmente dos significados particulares en español que son: **ser** o **estar,** pero para expresar la edad de alguien o algo, no se traduce como **ser** o **estar,** se traducirá como **tener.**

Ejemplos:

1. **She is** ten years old. (Shí is ten iérs old).
   Ella tiene diez años de edad.

2. **I am** twenty years old. (Áí am tuénti/tuéni iérs old).
   Yo tengo veinte años de edad.

TEMA 3

VERBO "TO BE" EN PASADO Y SUS FORMAS INTERROGATIVAS, AFIRMATIVAS Y NEGATIVAS

1. Existen dos conjugaciones en pasado del verbo **to be** (**ser o estar**) las cuales son: **Was** y **were** que se traducen principalmente como **era** o **estaba** y según las demás conjugaciones en pasado del verbo **ser** o **estar** según el contexto de la oración. Por ejemplo; **fui, estuve,** etc. Se usan para hacer oraciones en pasado, ya sean interrogativas, afirmativas y negativas. **Was** y **were** se pueden usar de manera larga o contractada.

2. TABLA DE ESTRUCTURA, EXPLICACIONES Y EJEMPLOS

Forma afirmativa	Forma negativa larga	Forma negativa contractada	Forma interrogativa
I **was** at home	I **was not** at home	I **wasn't** at home	**Was I** at home?
You **were** at home	You **were not** at home	You **weren't** at home	**Were you** at home?
He **was** at home	He **was not** at home	He **wasn't** at home	**Was he** at home?
She **was** at home	She **was not** at home	She **wasn't** at home	**Was she** at home?
It **was** at home	It **was not** at home	It **wasn't** at home	**Was it** at home?
We **were** at home	We **were not** at home	We **weren't** at home	**Were we** at home?
You **were** at home	You **were not** at home	You **weren't** at home	**Were you** at home?
They **were** at home	They **were not** at home	They **weren't** at home	**Were they** at home?

Las oraciones afirmativas con **was** o **were,** se forman escribiendo primero el **pronombre + was o were + complemento.**

Ejemplos:

1. I **was** at home. (Ái uás at jom). Yo **estuve/estaba** en casa.

2. They **were** busy. (Déy uér bísi). Ellos **estuvieron/estaban** ocupados.

Las oraciones negativas con **was** o **were,** se forman escribiendo primero el **pronombre + was o were + not + complemento.**

Ejemplos:

1. I **was not** happy. (Ái uás nat jápi). Yo **no estuve/estaba** feliz.

2. They **were not** working. (Déy uér nat wóking). Ellos **no estuvieron/estaban** trabajando.

Las oraciones negativas contractadas con **was** o **were,** se forman escribiendo primero el **pronombre + wasn't o weren't + complemento.**

Ejemplos:

1. She **wasn't** doing her job. (Shí wásent dúing jer yob). Ella **no estuvo/estaba** haciendo su trabajo.

2. We **weren't** drinking coffee. (Wí wérnt drínking cófi). Nosotros **no estuvimos/estábamos** tomando café.

Las oraciones interrogativas con **was** o **were,** se forman escribiendo primero el **was** o **were + pronombre + complemento.**

1. **Was he** at the hospital? (Uás jí at de jáspitol/jáspirol). ¿**Estuvo/estaba él** en el hospital?

2. **Were they** fishing? (Uér déy fishing). ¿**Estuvieron/estaban** ellos pescando?

3. RESPUESTAS AFIRMATIVAS CORTAS Y LARGAS PARA WAS Y WERE

Ejemplos:

1. **Were you** working? ¿**Estuviste/estabas** trabajando?

Respuesta corta afirmativa. **Yes, I was. Sí.**

Respuesta larga afirmativa. **Yes, I was working. Sí, yo estuve/ estaba trabajando.**

4. RESPUESTAS NEGATIVAS CORTAS Y LARGAS PARA WAS Y WERE

Ejemplos:

1. **Were they** at the party? ¿**Estuvieron/estaban** ellos en la fiesta?

Respuesta corta negativa contractada. **No, they weren't. No.**

Respuesta corta negativa. **No, they were not. No.**

Respuesta larga negativa. **No, they were not** at the party.

No, ellos no estuvieron/estaban en la fiesta.

2. **Were you** at the park last night? ¿**Estuviste**/**estabas** en el parque anoche?

No, I was not. No.

No, I wasn't. No.

No, I was not at the park last night.

No, no estaba/estuve en el parque anoche.

5. MÁS EJEMPLOS EN GENERAL DE WAS Y WERE

1. **You were** at work until very late yesterday.

   Estuviste/estabas trabajando hasta muy tarde ayer.

2. **She was** very tired after work.

   Ella estuvo/estaba muy cansada después del trabajo.

3. **I was** at the hotel last night.

   Yo estuve/estaba en el hotel anoche.

4. **They were** working as a team.

   Ellos estuvieron/estaban trabajando como un equipo.

5. **It was** a beautiful day.

   Fue un hermoso día.

6. **It was** raining the whole night.

   Estuvo lloviendo toda la noche.

7. **Were you** with your friends last night?

   ¿**Estuviste** con tus amigos anoche?

8. **Were they** on the beach yesterday?

   ¿Estuvieron ellos en la playa ayer?

9. **She was not** at home for two weeks.

   Ella no estuvo en casa por dos semanas.

10. **He wasn't** very friendly yesterday.

    Él no estuvo muy feliz ayer.

12. **Peter was** working very hard.

    Pedro estuvo trabajando muy duro.

13. **Martha and Maria were** at the hotel last night.

    Martha y María estuvieron en el hotel anoche.

14. **How was** your day?

    ¿Cómo estuvo tu día?

15. **Were you traveling** last year?

    ¿Estuviste viajando el año pasado?

16. **I was** very happy about my parents visit.

    Yo estaba muy feliz acerca de la visita de mis padres.

17. **They were not** preparing dinner.

    Ellos no estaban preparando la cena

18. **She wasn't** staring at me.

    Ella no estaba viéndome fijamente

TEMA 4

PRESENTE SIMPLE INTERROGATIVO DEL VERBO "TO BE"

1. ESTRUCTURA INTERROGATIVA DEL "TO BE" Y EJEMPLOS

Para formar oraciones interrogativas con el verbo **"to be"**, primero se escribe el **"to be" (am, is, are) + pronombre + el resto de la oración.**

Am I ...? ¿Soy yo? ¿Estoy yo...?

Are you...? ¿Eres/estás tú...? ¿Es/está usted...?

Is he...? Es/está él...?

Is she...? Es/está ella...?

Is it...? ¿Es/está eso...? ¿Es/está ello...? ¿Es/está el...?
(objeto, animal, ciudad, lugar o país).

Are we...? ¿Somos/Estamos nosotros...?

Are you...? ¿Son/están ustedes...?

Are they...? ¿Son/Están ellos...?

2. EJEMPLOS DE ORACIONES INTERROGATIVAS CON "TO BE"

1. **Am I** wrong? (Em áy wrong). ¿**Estoy** equivocado?

2. **Are you** happy? (Ar iú jápi). ¿**Estás** feliz**?**

3. **Is she** ready? (Is shi ruédi/ruéri). ¿**Está ella** lista?

4. **Are you** sad? (Ar iú sad). ¿**Están ustedes** tristes?

5. **Are we** ready? (Ar wí ruédi/ruéri). ¿**Estamos (nosotros)** listos?

6. **Are they** at work? (Ar déy at work). ¿**Están ellos** en el trabajo?

7. **Is he** at home? (Is ji at jom). ¿**Está él** en casa?

TEMA 5

CONTRACCIONES DEL VERBO "TO BE" Y SU ESTRUCTURA

1. DEFINICIÓN

Las contracciones son las que usamos para unir dos palabras usando un apóstrofe (´) donde se elimina una o varias letras. Las contracciones hacen que dos palabras se unan y suenen como una sola, se trata de abreviar las palabras según la estructura.

2. ESTRUCTURA AFIRMATIVA DEL "TO BE" EN PRESENTE SIMPLE

Forma normal afirmativa (to be)	Contracción afirmativa (am, is are)
I am	I'm
You are	You're
He is	He's
She is	She's
It is	It's
We are	We're
You are	You're
They are	They're

Nota: La forma corta se refiere a que va con apóstrofe y la forma larga se refiere a que va sin el apóstrofe. El apóstrofe es un signo de puntuación en forma de una coma invertida hacia arriba, (') utilizada en la escritura de muchas lenguas.

3. ESTRUCTURA DE LAS CONTRACCIONES DEL "TO BE" EN PRESENTE SIMPLE AFIRMATIVO Y NEGATIVO

CONTRACCIONES DEL VERBO TO BE EN PRESENTE SIMPLE AFIRMATIVO Y NEGATIVO			
Forma larga afirmativa	**Contracción (´) afirmativa**	**Forma larga negativa**	**Contracción (´) negativa**
I am. Yo soy/yo estoy.	I´m. Yo soy/yo estoy.	I am not. Yo no soy/yo no estoy.	I´m not. (Solo una forma). Yo no soy/yo no estoy.
You are. Tú eres/tú estás.	You´re. Tú eres/tú estás.	You are not. Tú no eres/tú no estás.	You´re not/you aren´t. Tú no eres/tú no estás.
He is. Él es/el está.	He´s. Él es/él está.	He is not. Él no es/él no está.	He´s not/he isn´t. Él no es/él no está.
She is. Ella es/ella está.	She´s. Ella es/ella está.	She is not. Ella no es/ella no está.	She´s not/she isn´t. Ella no es/ella no está.
It is. Eso es/eso está.	It´s. Eso es/eso está.	It is not. Eso no es/eso no está.	It´s not/it isn´t. Eso no es/eso no está.
We are. Nosotros somos/nosotros estamos.	We´re. Nosotros somos/nosotros estamos.	We are not. Nosotros no somos/nosotros no estamos.	We´re not/we aren´t. Nosotros no somos/nosotros no estamos.
You are. Ustedes son/Ustedes están.	You´re. Ustedes son/Ustedes están.	You are not. Ustedes no son/Ustedes no están.	You´re not/you aren´t. Ustedes no son/Ustedes no están.
They are. Ellos son/ellos están.	They ´re. Ellos son/ellos están.	They are not. Ellos no son/ellos no están.	They´re not/they aren´t. Ellos no son/ellos no están.

4. EJEMPLOS DE ORACIONES CON CONTRACCIÓN Y SIN CONTRACCIÓN

En las contracciones la escritura varía, pero el significado es el mismo, ya sea de forma negativa o afirmativa.

1. Sin contracción:
   I am at home now. (Áy am at jom náu). **Yo estoy** en casa ahora.

2. Con contracción:
   I´m at home now. (Áim at jom náu). **Yo estoy** en casa ahora.

3. Negativa sin contracción:
   I am not at home now. (Áy am nat at jom náu).
   Yo no estoy en casa ahora.

4. Negativa con contracción:
   I´m not at home now. (Áim nat at jom náu).
   Yo no estoy en casa ahora.

5. Negativa sin contracción:
   You are not busy (iú ar nat bísi). **Tú no estás** ocupado/a.

6. Negativa con contracción
   You´re not busy (iór nat bísi). **Tú no estás** ocupado/a.

7. Negativa con contracción:
   You aren´t busy (iú árent bísi). **Tú no estás** ocupado/a.

8. Afirmativa sin contracción:
   He is big. (Ji is big). **Él es** grande.

9. Afirmativa con contracción:
   He´s big. (Jis big). **Él es** grande.

10. Negativa con contracción:
    He´s not big. (Jis nat big). **Él no es** grande.

11. Negativa con contracción:
    He isn´t big. (Ji ísent big). **Él no es** grande.

5. MÁS EXPLICACIONES Y EJEMPLOS DE CONTRACCIONES

Las contracciones se usan mucho en inglés, por esta razón estamos usando varios ejemplos y explicaciones para garantizar la mejor explicación posible.

Las contracciones hacen que dos palabras suenen como una sola, lo que es muy común en inglés.

Ejemplos:

1. **I´m** a doctor. (Ám a dáctor). **(Yo) Soy** un médico.

2. **She´s** smart. (Shís smárt). **Ella es** lista/inteligente.

3. **She´s** happy. (Shís jápi). **Ella está** feliz.

Las contracciones del **"to be"** ya están detalladas claramente y con su significado en el cuadro anterior.

TEMA 6

REPASO DEL "TO BE" INTERROGATIVO EN PRESENTE SIMPLE, CON RESPUESTAS CORTAS Y LARGAS

1. ESTRUCTURA GRAMATICAL

El presente simple interrogativo se forma escribiendo prime-
ro la conjugación del **"to be"** en presente simple (**am, is, are**),
luego se escribe el pronombre más el complemento.

To be	Pronombre	Complemento	Traducción
Am	I	wrong?	¿**Estoy** equivocado?
Are	you	at home?	¿**Estás tú** en casa? ¿**Está usted** en casa?
Is	he	happy?	¿**Está él** feliz?
Is	she	ready?	¿**Está ella** lista?
Is	it	working?	¿**Está eso** funcionando? (la computadora)
Are	we	ready now?	¿**Estamos** listos ahora?
Are	you	sad?	¿**Están ustedes** tristes?
Are	they	at the hotel?	¿**Están ellos** en el hotel?

2. RESPUESTAS LARGAS AFIRMATIVAS Y EJEMPLOS

Las respuestas largas afirmativas se forman de la siguiente manera:

Yes + pronombre + to be (am, is, are) + complemento, si hay.

Ejemplos:

1. **Are you** in Managua? (Ar iú in Managua). **¿Estás** en Managua?

   Respuesta larga afirmativa. **Yes, I am** in Managua.

   Sí, yo estoy en Managua.

2. **Is she** a lawyer? (Is shí a lóyer). **¿Es ella** abogada?

   Respuesta larga afirmativa. **Yes, she is** a lawyer.

   Sí, ella es abogada.

3. **Are they** working hard? (Ar déy working járd).

   Respuesta larga afirmativa. **Yes, they are** working hard.

   Sí, ellos están trabajando duro.

3. RESPUESTAS LARGAS NEGATIVAS Y EJEMPLOS

Las respuestas largas negativas se forman de la siguiente manera:

No + pronombre + to be (am, is, are) + not + complemento, si hay.

Ejemplos:

1. **Is she** happy? (Is shí jápi). ¿**Está ella** feliz?

   Respuesta larga negativa. **No, she is not** happy.

   No, ella no está feliz.

2. **Are they** at home? (Ar déy at jom). ¿**Están ellos** en casa?

   Respuesta larga negativa. **No, they are not** at home.

   No, ellos no están en casa.

3. **Are you** ready? (Ar iú ruédi/ruéri). ¿**Estás** listo/a?

   Respuesta larga negativa. **No, I am not** ready.

   No, no estoy listo/a.

4. **Is he** sad? (Is ji sad). ¿**Está él** triste?

   Respuesta larga negativa. **No, he is not** sad.
   (Nóu ji is nat sad).

   No, él no está triste.

4. RESPUESTAS CORTAS AFIRMATIVAS Y EJEMPLOS

Las respuestas cortas afirmativas son más sencillas, estas se forman de la siguiente manera:

Yes + **pronombre** + **to be (am, is, are)**.

Ejemplos:

1. **Is she** María? (Is shí María). ¿**Es ella** María?
   Yes, she is.

2. **Are they** busy? (Ar déy bísi). ¿**Están ellos** ocupados?
   Yes, they are.

3. **Are you** ready? (Ar iú ruédi/ruéri). ¿**Estás** listo/a?
   Yes, I am.

4. **Is he** happy? (Is ji jápi). ¿**Está él** feliz?
   Yes, he is.

5. TRES FORMAS DE RESPUESTAS CORTAS NEGATIVAS CON CONTRACCIÓN, SIN CONTRACCIÓN Y EJEMPLOS CON "TO BE"

Las **respuestas cortas negativas** se forman de las siguientes maneras:

1. La primera se forma con **"no"**, seguido del **pronombre**, más el verbo **"to be"** (**am, is, are**) y luego la partícula **not**.

   Ejemplo:

   Are they friends? (Ar déy frénds). ¿**Son ellos** amigos?

   --> Forma 1:   **No, they are not.** (Nóu, déy ar nat).
                   No, no son (amigos).

2. La Segunda forma inicia igualmente con **"No"**, luego el **pronombre** junto con su contracción del **"to be"** correspondiente (**'m, 's, 're**) más la partícula **"Not"**.

   Ejemplo:

   Are they friends? (Ar déy frénds). ¿**Son ellos** amigos?

   --> Forma 2:   **No, they're not.** (Nóu, dér nat).
                   No, no son (amigos).

3. La tercera forma de respuesta igual inicia con **"no"**, más el **pronombre** y luego el **verbo "to be"** con su contracción negativa **not** (isn't, aren't).

Ejemplo:

Are they friends? (Ar déy frénds). ¿**Son ellos** amigos?

--> Forma 3:　**No, they aren´t.** (Nóu, déy árent).
　　　　　　　No, no son (amigos).

6. REPASO CON MÁS EJEMPLOS

1. **Are they** friends? (Ar déy frénds). ¿**Son ellos** amigos?

   Primera forma:
   No, they are not. (Nóu, déy ar nat).
   No, no son (amigos).

   Segunda forma:
   No, they´re not. (Nóu, dér nat). **No, no son** (amigos).

   Tercera forma:
   No, they aren´t. (Nóu, déy árent). **No, no son** (amigos).

2. **Are you** working? (Ar iú working). ¿**Estás** trabajando?

   No, I am not. (Nóu, áy am nat). **No, yo no** (estoy trabajando).
   No, I´m not. (Nóu, áim nat). **No, yo no** (estoy trabajando).

   Para este caso si escribimos **I amn´t** es incorrecto. Solo para "I" no existe en inglés la contracción negativa. Más frecuente se escribiría **I'm not.** Todas las formas están detalladas en la tabla de contracciones anterior.

3. **Is he** a doctor? (Is ji a dáctor). ¿**Es él** un doctor?

   No, he is not. (Nóu, ji is nat). **No, él no** es (un doctor).
   No, he´s not. (Nóu, jis nat). **No, él no** es (un doctor).
   No, he isn´t. (Nóu, ji ísent). **No, él no** es (un doctor).

4. **Is she** busy? (Is shí bísi). **¿Está ella** ocupada?

    No, she is not. (Nóu, shí is nat).
    No, ella no está (ocupada).
    No, she's not. (Nóu, shis nat).
    No, ella no está (ocupada).
    No, she isn't. (Nóu, shí ísent).
    No, ella no está (ocupada).

TEMA 7

PRESENTE SIMPLE AFIRMATIVO (CONJUGACIÓN)

1. DEFINICIÓN

El presente simple es uno de los tiempos más utilizados en inglés porque se refiere a hechos muy frecuentes de la vida. El presente simple o también llamado tiempo presente, es utilizado para expresar acciones que tienen lugar en el momento que se está hablando, para expresar una rutina y acciones que se repiten con regularidad en la vida. El presente simple es el que más refleja la vida cotidiana de las personas. La construcción del presente simple es realmente fácil.

2. TABLA DE ESTRUCTURA PARA FORMAR EL PRESENTE SIMPLE AFIRMATIVO CON EL VERBO "TO WORK" "TRABAJAR" Y EJEMPLOS

Para formar oraciones en presente simple primero se escribe el **pronombre + verbo + complemento**, si hay.

Pronombre	Verbo sin "to"	Traducción
I	work	**Yo** trabajo/usted trabaja
You	work	**Tú** trabajas
He	works	**Él** trabaja
Peter	works	**Pedro** trabaja
She	works	**Ella** trabaja
It (la computadora)	works	**Eso** trabaja/funciona
We	work	**Nosotros** trabajamos
You	work	**Ustedes** trabajan
They	work	**Ellos** trabajan

Si el pronombre es la tercera persona del singular (**he, she, it**) se le añade la letra "**s**" al verbo, así como aparece en la tabla de estructura.

Solo se escribe el mismo verbo sin "**s**". Para el resto de los verbos con los pronombres (**I, we, you, they**).

Ejemplos:

1. **She lives** in Managua. (Shí lívs in Managua).
   Ella vive en Managua.

2. **He needs** help. (Ji níds jélp). **Él necesita** ayuda.

3. **It works** very well. (It works véri wel).
   Funciona muy bien (el aparato).

4. **He sings.** (Ji síngs). **Él canta.**

5. **I play.** (Áy pléi). **Yo juego.**

6. **They need.** (Déy níd). **Ellos necesitan.**

7. **She needs** a car. (Shí níds a car). **Ella necesita** un carro.

Nota: El infinitivo del verbo es "**to**" que va antes y quiere decir que este no está conjugado.

Ejemplos:

- **To eat** (comer), **to sing** (cantar), **to write** (escribir).

Si escribimos:

- **I to need** es incorrecto, así que diría como: **Yo necesitar.**

- **I need** es correcto, por lo tanto, significa: **Yo necesito.**

3. EJEMPLOS DE ORACIONES AFIRMATIVAS EN PRESENTE SIMPLE

1. **I need** your help. (Áy níd iór jélp). **Yo necesito** tu ayuda.

2. **She reads** the book. (Shí rids dé búk). **Ella lee** el libro.

3. **They work** very hard. (Déy work véri járd).
   Ellos trabajan muy duro.

4. I always **walk** in the morning. (Áy ólweis wók in de morning).
   Yo siempre **camino** en la mañana.

5. **She buys** food. (Shí báis fud). **Ella compra** comida.

6. **He is** very happy. (Ji is véri jápi). **Él está** muy feliz.

7. **You need** to work (iú nid tu work). **Tú necesitas** trabajar.

8. **He plays** football. (Ji pléis fútbol). **Él juega** fútbol.

4. EXPLICACIÓN

En esta oración **I need to work** lleva dos verbos: **to need (necesitar)** y **to work (trabajar)**, **to need** se le quitó el "to" porque a como dice la explicación de la estructura, que ya está conjugado en presente simple, se le quita el "to", por lo tanto, **I need… Yo necesito…**

Si lo escribimos **I to need,** diría **Yo necesitar,** pero como ya se le quitó el "to" del infinitivo, ya está en presente simple. **I need (yo necesito),** pero al segundo verbo **To work,** sí se le deja el "to", porque cumple la función del infinitivo. **To work (Trabajar).**

I need **to work.**
Yo necesito **trabajar.**

5. TRES CASOS ESPECIALES DE VERBOS EN PRESENTE SIMPLE AFIRMATIVO, CON EJEMPLOS Y NOTAS

Los verbos con estos casos especiales son pocos, por lo que estas reglas casi no se aplican, solo en ciertos verbos y no es tan difícil de aprender a usarla.

- **Primer caso especial y ejemplos:** Este caso es solo para la tercera persona del singular (**he, she, it**).

A estos verbos que terminan en **"o"**, **"sh"**, **"ch"**, **"ss"**, **"x"** y **"z"** se les aumenta **"es"** al formar el presente simple y solo en este tiempo.

Ejemplos:

Verbo	Tercera persona He, she, it	Traducción
To go	It go**es** (it góus)	Eso va (el bus)
To do	She do**es** (shí das)	Ella hace
To wish	She wish**es** (shí wíshes)	Ella desea
To reach	He reach**es** (ji ríches)	Él alcanza
To express	She express**es** (shí expréses)	Ella expresa
To fix	He fix**es** (ji fíxes)	Él repara/arregla
To kiss	She kiss**es** (shí kíses)	Ella besa
To buzz	He buzz**es** (ji bázes)	Él murmulla

Nota: ¡Recuerda! Para en el resto de los pronombres **I, you, we** y **they,** aunque los verbos terminen en **"o"**, **"sh"**, **"ch"**, **"ss"**, **"x"** y **"z"** el verbo se escribe igual **sin** añadir "es" para formar el presente simple y por supuesto sin **"to"**.

Ejemplos:

1. **I go.** (Áy góu). **Yo voy.**

2. **You do.** (iú du). **Tú haces.**

3. **We wish.** (Wí wísh). **Nosotros deseamos.**

4. **They fix.** (Déy fix). **Ellos reparan.**

- **Segundo caso especial y ejemplos:** Igualmente solo para la tercera persona del singular (**he, she, it**) y para los verbos que terminan en **"y"**.

  Cuando los verbos terminan en **"y"** de igual manera cuando una consonante está antes de la **"y"** se cambia la **"y"** (griega) por **"i"** (latina) y se agrega "**es**" al verbo, quedando "**ies**".

Estructura y ejemplos:

Verbo	Tercera persona. He, she, it	Traducción
To try	**He** tri**es** (jí truáis)	Él intenta
To cry	**It** cri**es** (jí cráis)	Él llora (el animal)
To fry	**She** fri**es** (shí fráis)	Ella fríe
To spy	**He** spi**es** (ji spáis)	Él espía

- **Tercer caso:** Para este caso en la tercera persona (**he, she, it**) que el verbo termina en **"y"** y una vocal está antes de esta, solamente se agrega la letra **"s"** al final del verbo para formar el presente simple.

Ejemplos:

1. He play**s**. (Ji pléis). Él juega.
2. She buy**s**. (Shí báis). Ella compra.
3. He say**s**. (Ji sés). Él dice.

Nota: En la forma interrogativa con auxiliares **"do"** y **"does"** el verbo en las terceras personas no cambia.

TEMA 8

EL VERBO "TO DO" COMO AUXILIAR EQUIVALE A "DO" Y "DOES"

1. DEFINICIÓN

El verbo **"to do"** se usa como auxiliar para formar oraciones negativas e interrogativas en presente simple. También se usa para formar sus respectivas respuestas largas y cortas.

2. ESTRUCTURA DEL VERBO AUXILIAR "TO DO" EN FORMA INTERROGATIVA

El verbo **"to do"** equivale a **"do"** o **"does"** según el pronombre correspondiente:

Do	I, you, we, they
Does	He, she, it

Verbo auxiliar	You, we, they	He, she, it
To do	Do	Does
	Do you...?	Does he...?
	Do we...?	Does she...?
	Do they...?	Does it...?

3. ESTRUCTURA PARA FORMAR ORACIONES INTERROGATIVAS EN PRESENTE SIMPLE CON EL VERBO AUXILIAR "TO DO"

Se empieza con el auxiliar, ya sea **"do"** o **"does"** + **el pronombre** + **verbo** + **el complemento**, si hay.

Auxiliar do/does	Pronombre	Verbo	Complemento	Traducción
Do	**you**	**need**	help now?	**¿Necesitas (tú)** ayuda ahora?
Does	**she**	**work**	hard?	**¿Trabaja (ella)** duro?
Does	**María (she)**	**play**	football?	**¿Juega María** fútbol?
Do	**we**	**start**	now?	**¿Empezamos (nosotros)** ahora?

Nota: Hay que tener siempre presente que cuando una oración empieza con **"do"** o **"does"**, nos está indicando que se trata de una pregunta.

Más ejemplos de oraciones interrogativas con "do" y "does":

1. **Do you need** a car? (Du iú nid a car). **¿Necesitas** un auto?

2. **Do I start** now? (Du áy stárt náu). **¿Inicio** ahora?

3. **Do they work** this afternoon? (Du déy work dis áfternun).

   ¿Trabajan ellos? /¿Trabajan ellas esta tarde?

4. **Does she understand?** (Das shí ondersténd).
   ¿Entiende ella?

5. **Does he need** a car? (Das ji nid a car).
   ¿Necesita él un auto?

4. RESPUESTAS NEGATIVAS Y AFIRMATIVAS (LARGAS Y CORTAS) USANDO "DO" Y "DOES"

La estructura para las respuestas negativas y afirmativas (cortas y largas) se usa con mucha frecuencia en inglés. Siga los pasos que aquí explicamos en detalle para formarlas, vea los ejemplos.

Explicaciones:

A) **La forma negativa larga** de "do" es **"does not"** con los pronombres **"he, she, it"**.

B) **La forma negativa larga** de "do" es **"do not"** con los pronombres **I, we, you, they**.

C) **La forma negativa con contracción o corta** de "do" es **doesn't** con los pronombres **"he, she, it"**.

D) **La forma negativa con contracción o corta** de "do" es **"don't"**, con los pronombres **"I, you, we, they"**.

5. ESTRUCTURA DE "DO" Y "DOES" DE FORMA LARGA NEGATIVA Y FORMA CORTA NEGATIVA, SEGÚN EL PRONOMBRE CORRESPONDIENTE

"Do not" y **"don't"** simplemente significan **"no"**.
"Does not" y **doesn't** también significan **"no"**.

Pronombre	To do en forma larga negativa	To do forma con contracción o corta negativa
I	Do not	Don't
He She It	Does not	Doesn't
We You They	Do not	Don't

Ejemplos de oraciones interrogativas con respuestas negativas y afirmativas cortas, con contracción y sin contracción:

1. **Do you need** a car? (Du iú nid a car).
   ¿Necesitas un auto?

   Respuesta negativa con contracción:
   No, I don´t. (Nóu, áy dont). **No.**

   Respuesta negativa sin contracción:
   No, I do not. (Nóu áy du not). **No.**

   Respuesta afirmativa.
   Yes, I do (iés áy du). **Sí.**

2. **Do I start** now? (Du áy stárt náu). **¿Inicio** ahora?

   No, I don´t. No.   (Respuesta negativa con contracción).
   No, I do not. No.   (Respuesta negativa sin contracción).
   Yes, I do. Sí.   (Respuesta afirmativa corta).

3. **Do they work** this afternoon? (Du déy work dis áfternun).
   ¿Trabajan ellos esta tarde?

   No, they don´t. No.   (Respuesta negativa con contracción).
   No, they do not. No.   (Respuesta negativa sin contracción).
   Yes, they do. Sí.   (Respuesta afirmativa corta).

4. **Does she understand?** (Dás shí ondersténd).
   ¿Entiende ella?

   No, she doesn´t. No.   (Respuesta negativa con contracción).
   No, she does not. No.   (Respuesta negativa sin contracción).
   Yes, she does. Sí.   (Respuesta afirmativa corta).

6. ORACIONES INTERROGATIVAS CON SUS RESPUESTAS NEGATIVAS LARGAS Y RESPUESTAS AFIRMATIVAS CORTAS

Las respuestas largas se usan para ser más enfático, es decir, para responder con más claridad y con más fuerza.

Ejemplos:

1. **Do they work** today? (Du déy work tudéy).
   ¿Trabajan ellos hoy?

   No, they don't work today. (Nóu, déy dónt work tudéy).
   No, ellos no trabajan hoy.

   No, they do not work today. (Nóu, déy du nat work tudéy).
   No, ellos no trabajan hoy.

   Yes, they do (iés déy du). **Sí.** (Respuesta afirmativa corta).

2. **Does she need** a car? (Das shí nid a car).
   ¿Necesita ella un carro?

   No, she doesn´t need a car. (Nóu, shí dásent níd a car).
   No, ella no necesita un auto.

   No, she does not need a car. (Nóu, shí das nat níd a car).
   No, ella no necesita un auto.

   Yes, she does (iés shí das). **Sí.** (Respuesta afirmativa corta).

TEMA 9

¿CÓMO FORMAR ORACIONES NEGATIVAS EN PRESENTE SIMPLE CON "DON'T" Y "DOESN'T"?

Para formar oraciones negativas en presente simple utilizamos **"don't"**, que es la contracción de **"do not"** y para **"does not"** su contracción es **"doesn't"** que simplemente significan **"No"**. De igual manera se puede utilizar **"do not"** y **"does not"** de forma larga. La forma con contracción es muy usada generalmente y la forma larga es más usada para enfatizar.

1. TABLA DEL AUXILIAR "DO" EN NEGATIVO QUE EQUIVALE A "DON´T" Y "DOESN´T" QUE SIGNIFICAN "NO", EN SU FORMA NEGATIVA CON SUS PRONOMBRES CORRESPONDIENTES

Para los pronombres **I, you, we, they** es **don't**.
Para los pronombres **He, she, it** es **doesn't**.

Pronombre	Don't
I	Don't
You	Don't
We	Don't
They	Don't

Pronombre	Doesn't
He	Doesn't
She	Doesn't
It	Doesn't

2. ESTRUCTURA Y EJEMPLOS DE ORACIONES NEGATIVAS CON EL AUXILIAR "DO" EN NEGATIVO: "DON´T" Y "DOESN´T"

Primero se escribe el **pronombre + don´t** o **doesn´t + verbo + complemento,** si hay.

Pronombre	Auxiliar DO en negativo (don´t, doesn´t)	Verbo	Traducción
I	don´t	play	**Yo no** juego
She	doesn´t	play	**Ella no** juega
You	don´t	Play	**Tú no** juegas
They	don´t	Play	**Ellos no** juegan

- **Más ejemplos con el auxiliar "DO" en negativo:**

1. **I don't like to work** in the morning. (Áy dónt láik tu wórk in de mórning). **No me gusta trabajar** en la mañana.

2. **You don't need to buy** a phone (iú dónt nid tu báy a fon). **Tú no necesitas comprar** un teléfono.

3. **He doesn't play** baseball. (Ji dásent pléy béisbol). **Él no juega** béisbol.

4. **She doesn't need** to travel. (Shí dásent nid tu trável). **Ella no necesita** viajar.

5. **It doesn't work.** (It dásent wórk). **(Eso) no funciona.**

6. **We don't need** more water. (Wí dónt níd mor wóta/wárer). **Nosotros no necesitamos** más agua.

7. **You don't play** tomorrow (iú dónt pléy tumórrou). **Tú no juegas** mañana.

8. **They don't want to stay** here. (Déy dónt wánt tu stéy jir). **Ellos no quieren quedarse** aquí.

3. REPASO DE ESTRUCTURA DE LAS ORACIONES NEGATIVAS, AFIRMATIVAS E INTERROGATIVAS

- **Negativas con "don´t" y "doesn´t"**
- **Afirmativas**
- **Interrogativas con "do" y "does" y sus respuestas cortas**

NEGATIVO			
I	**don´t**	play	**Yo no** juego
You	**don't**	play	**Tú no** juegas
We	**don't**	play	**Nosotros no** jugamos
They	**don't**	play	**Ellos no** juegan
He	**doesn't**	work	**Él no** trabaja
She	**doesn't**	work	**Ella no** trabaja
It	**doesn't**	work	**El (aparato) no** funciona

AFIRMATIVO		
I	play	**Yo** juego
You	play	**Tú** juegas
We	play	**Nosotros** jugamos
They	play	**Ellos** juegan
He	works	**Él** trabaja
She	works	**Ella** trabaja
It	works	**Eso** (el aparato) funciona

ORACIONES INTERROGATIVAS	RESPUESTAS CORTAS	
Do you need more water? ¿**Necesitas** más agua?	No, I don't Yes, I do	No Sí
Do they need more water? ¿**Necesitan ellos** más agua?	No, they don't Yes, they do	No Sí
Does she need more water? ¿**Necesita ella** más agua?	No, she doesn't Yes, she does	No Sí

TEMA 10

¿CÓMO FORMAR EL GERUNDIO EN INGLES (ING)?

1. DEFINICIÓN

El gerundio es una de las formas verbales más fáciles de aprender y también una de las más usadas. El gerundio expresa la acción verbal en su desarrollo y se usa para hablar en acciones en curso. El gerundio se forma añadiendo el sufijo o terminación **"ing"** al verbo. El **"ing"** equivale a **"ando"**, **"iendo"** **"yendo"** por ejemplo; le**yendo.** Dependiendo del verbo que sea. El **"ing"** se pronuncia similar en inglés (**ing**). En palabras simples un gerundio es un verbo + la terminación **"ing"**. Uno de sus usos es para formar el presente continuo o presente progresivo en inglés.

2. EJEMPLOS DE GERUNDIO "ING" CON ALGUNOS DE LOS VERBOS MÁS USADOS EN INGLÉS

Esta lista de verbos formando el gerundio te va ayudar mucho a usar el presente continuo.

Verbo en infinitivo	Gerundio (verbo + ing)
To feel (tu fil) **sentir**	Feel**ing** (fíling) **sintiendo**
To find (tu fáind) **encontrar**	Find**ing** (fáinding) **encontrando**
To need (tu níd) **necesitar**	Need**ing** (níding/níring) **necesitando**
To understand (tu onsténd) **entender**	Understand**ing** (onsténding) **entendiendo**
To speak (tu spík) **hablar**	Speak**ing** (spíking) **hablando**
To buy (tu báy) **comprar**	Buy**ing** (báying) **comprando**

To bring (tu bring) **traer**	Bring**ing** (brínging) **trayendo**
To do (tu du) **hacer**	Do**ing** (dúing) **haciendo**
To go (tu góu) **ir**	Go**ing** (góing) **yendo**
To Play (tu pléy) **jugar**	Play**ing** (pléiíng) **jugando**
To Finish (tu fínish) **terminar**	Finish**ing** (fínishing) **terminando**

3. TRES REGLAS DEL GERUNDIO PARA CASOS ESPECIALES CON RESPECTO A LAS TERMINACIONES DEL VERBO Y EJEMPLOS

La mayoría de los verbos forman el gerundio sin usar estas tres reglas, por lo que estas reglas son solamente para las terminaciones de los verbos en específicos de cada una.

- **Primera regla y ejemplos.** Cuando el verbo termina en "e" se elimina y luego añadimos el **"ing"**.

Ejemplos:

1. **To take** (tu téik) **tomar, llevar**
   Taking (téiking) **tomando, llevando**

2. **To dance** (tu dáns) **bailar**
   Dancing (dáncing) **bailando**

3. **To make** (tu méik) **hacer**
   Making (méiking) **haciendo**

4. **To close** (tu clóus) **cerrar**
   Closing (clóusing) **cerrando**

- **Segunda regla y ejemplos**

Cuando los verbos terminan en **"ie"** se elimina y se agrega **"ying"**.

Ejemplos:

1. **Lie** (Lái) **mentir. Lying** (Láing) **mintiendo**

2. **Die** (Dái) **morir. Dying** (Dáing) **muriendo**

3. **Tie** (Tái) **atar. Tying** (Táing) **atando**

- **Tercera regla.** Los verbos de una sílaba que terminan en una vocal y una consonante se duplica la consonante y se agrega **"ing"**.

Estos verbos que son cortos o que tienen solo una sílaba y que terminan en vocal, seguido de consonante, se les duplica la consonante al final.

Ejemplos:

1. **To swim** (tu suím) **nadar. Swimming** (suíming) **nadando.**

2. **To stop** (tu stóp) **parar. Stopping** (stóping) **parando.**

3. **To run** (tu rán) **correr. Running** (ráning) **corriendo.**

TEMA 11

PRESENTE PROGRESIVO CON "TO BE"

1. DEFINICIÓN

El presente progresivo que también se le llama presente continuo, se usa para hablar de actividades que están sucediendo en el momento y para expresar una acción en curso o inconclusa.

Para formar el presente progresivo o continuo se usa el gerundio (**verbo + ing**).

Recordatorio de tabla del gerundio

Verbo	+ Ing	Gerundio
To cook	ing	cook**ing**
Cocinar	**ando, iendo, endo, yendo**	cocin**ando**

2. ¿CÓMO CONSTRUIR ORACIONES AFIRMATIVAS EN PRESENTE CONTINUO? TABLA DE ESTRUCTURA CON EJEMPLOS

Primero se escribe el **pronombre personal + to be** (**am, is, are**) **+** el **verbo** con **ing** y **complemento**.

Pronombre	To be (am, is, are)	Verbo en gerundio	Complemento	Traducción
I	**am**	work**ing**	at home	**Yo estoy** trabaj**ando** en casa.
She	**is**	play**ing**	football	**Ella está** jug**ando** fútbol.
They	**are**	walk**ing**	together	**Ellos están** cami**nando** juntos.
Juan	**is**	work**ing**	hard	**Juan está** trabaj**ando** duro.

3. MÁS EJEMPLOS DE ORACIONES AFIRMATIVAS EN PRESENTE CONTINUO

1. **I am reading** a book. (Áy am ríding/ríring a buk).
   Yo estoy leyendo un libro.

2. **My father is working** at home. (Máy fáder is wórking at jom).
   Mi papá está trabajando en casa.

3. **They are walking** on the beach. (Déy ár wóking on de bich).
   Ellos están caminando en la playa.

4. **She is swimming.** (Shí is suíming). **Ella está nadando.**

5. **I am working** now. (Áy am wórking náu).
   Yo estoy trabajando ahora.

TEMA 12

VERBOS MODALES MÁS USADOS (ALGUNOS EN SU FORMA PRETÉRITA)

Los verbos modales más usados son: **must, can, could, would, should,** y **will.**

1. CONCEPTO

Los verbos modales son verbos auxiliares usados principalmente para expresar posibilidad, sugerencia, prohibición y obligación.

Estos verbos modales necesitan de otro verbo para darle sentido a la oración gracias a su función. Los verbos modales se usan mucho en el idioma inglés.

2. REGLAS Y CARACTERÍSTICAS PARA LOS VERBOS MODALES EN GENERAL

A la hora de usar estos verbos gramaticalmente, siempre se debe tener en cuenta lo siguiente:

- No tienen infinitivo, es decir que no llevan **"to"** como los demás verbos.

- No se les agrega **"s"** ni **"ies"** tampoco **"es"** en la tercera persona del singular (**he, she, it**) en tiempo presente.

- No se usan otros auxiliares como **"do"** o **"does"** cuando se forman preguntas ni tampoco al usarse como respuestas cortas. Porque ellos son sus propios auxiliares.

- No tienen gerundio **"ing"** para el presente progresivo o continuo.

- Se usan con otro verbo.

- No se usa "to" con el verbo común que le sigue.

3. FUNCIONES Y SIGNIFICADOS

- **Can** (ken) **Poder**
  Se usa para expresar habilidad, permiso y prohibición.

- **Should** (shud) **Debería, debiera.**
  Se usa para dar consejos o dar una opinión.

- **Could** (cud) **Podría**
  Para afirmar o preguntar algo como posibilidad.

- **Will** (wil) Para hacer predicciones del futuro o darle al verbo
  principal la forma del futuro.

- **Would** (wud) Se usa para una situación hipotética, suposición
  y modo condicional. Es decir que una acción es solamenete
  posible.

- **Must** (mast) **Deber**
  Este verbo modal se usa para expresar deber de obligación.

4. ESTRUCTURA GRAMATICAL Y TABLA CON EJEMPLOS PARA CONSTRUIR ORACIONES AFIRMATIVAS, USANDO LOS VERBOS MODALES

Los verbos modales no tienen conjugaciones y su escritura no varía con todos los pronombres personales, tanto en su forma afirmativa como negativa. Vea en tabla de estructura, primero se escribe el **pronombre + verbo modal + verbo común + complemento**, si hay.

Pronombre	Verbo modal	Verbo	Complemento	Traducción
I	can	wait	here now	**Yo puedo esperar** aquí ahora.
They	should	stay	here	**Ellos deberían quedarse** aquí.
María (she)	could	go	with you	**María podría ir** contigo.
She	will	need	to travel	**Ella necesitará** viajar.
I	would	go	to England	**Yo iría** a Inglaterra.
Juan	must	sleep	early	**Juan debe dormir** temprano.

5. ESTRUCTURA GRAMATICAL Y EJEMPLOS PARA CONSTRUIR ORACIONES NEGATIVAS CON "NOT" CON LOS VERBOS MODALES

Primero se escribe el **pronombre + verbo modal + "NOT" + verbo + complemento,** si hay.

Pronombre	Verbo modal	NOT	Verbo	Complemento	Traducción
I	could	not	work	today	**(Yo) No podría trabajar** hoy.
María (she)	can	not	stay	here	**María no puede quedarse** aquí.
You	should	not	say	that	**(Tu) No deberías decir** eso.
She	will	not	work	tomorrow	**Ella no trabajará** mañana.
They	would	not	go	too late	**Ellos no irían** demasiado tarde.
He	must	not	work	on Monday	**Él no debe trabajar** el Lunes.

6. ESTRUCTURA GRAMATICAL DE LOS VERBOS MODALES Y EJEMPLOS PARA CONSTRUIR ORACIONES INTERROGATIVAS

Para formar oraciones interrogativas con los verbos modales primero se escribe el **verbo modal + pronombre + el verbo común + complemento,** si hay.

Verbo modal	Pronombre	Verbo común	Complemento	Traducción
Can	you	work	for me tomorrow?	**¿Puedes trabajar** para mí mañana?
Would	he	try	to do it?	**¿Intentaría él** hacerlo?
Should	we	go	to the bank?	**¿Deberíamos ir** al banco?
Must	they	work	on Friday?	**¿Deben ellos trabajar** el viernes?
Could	you	stay	here tonight?	**¿Podrías quedarte** esta noche?
Will	you	go	to the party?	**¿Irás** a la fiesta?

7. ESTRUCTURA GRAMATICAL CON EJEMPLOS PARA CONSTRUIR ORACIONES NEGATIVAS CON CONTRACCIÓN, USANDO LOS VERBOS MODALES

Primero se escribe el **pronombre + verbo modal** con **n't + verbo común+ complemento**, si hay. Para **"will"** se escribe de diferente manera (**won't**).

La contracción de **must** es **mustn't**. Pero se usa **must not** en los contextos mas formales.

Pronombre	Verbo modal + n't	Verbo común	Traducción
I	can't	wait	**(Yo) No puedo** esperar.
María (she)	can't	stop	**María no puede** parar.
You	shouldn't	go	**(Tú) No deberías** ir.
She	won't	eat	**Ella no comerá.**
They	wouldn't	work	**Ellos no trabajarían.**
He	mustn't	play	**Él no debe** jugar.

TEMA 13

PRONOMBRES OBJETOS

1. DEFINICIÓN

Los objetos pronombres son aquellos pronombres que reciben la acción en la oración y son una parte fundamental de la gramática para formar oraciones en inglés.

2. USO

Los objetos pronombres se usan para representar a la persona o la cosa que recibe la acción del verbo, van después del verbo y se usan en posición del complemento en las oraciones.

Para cada **pronombre sujeto/pronombre personal**, hay un **pronombre objeto**.

3. PRONOMBRES PERSONALES CON SU RESPECTIVO PRONOMBRE OBJETO Y SU SIGNIFICADO

Pronombres sujeto o pronombres personales	Significado	Pronombres objeto	Significado
I	Yo	Me	**Me** (a mí)
You	Tú, usted	You	**Te** (a tí)
He	Él	Him	**Le, lo** (a él)
She	Ella	Her	**Le, la** (a ella)
It	Eso	It	**Lo** (a el, a ello, a ella) objeto
We	Nosotros/as	Us	**Nos** (a nosotros)

Pronombres sujeto o pronombres personales	Significado	Pronombres objeto	Significado
You	Ustedes, vosotros	You	Les, los, (a ustedes)
They	Ellos, ellas	Them	Les, los, las (a ellos/as)

4. EJEMPLOS DE ORACIONES USANDO LOS PRONOMBRES OBJETOS

Nota: Los pronombres personales van antes del verbo y los objetos pronombres van después del verbo.

1. **I tell him.** (Áy tel jim). **Yo le digo** (a él).

2. **You help her** to work (iú jelp jer tu work).
   Tú le ayudas a trabajar (a ella).

3. **I need to tell her** about the company. (Áy nid tu tel jer abáut de cómpani).
   Necesito decirle acerca de la compañía (a ella).

4. **She is going to teach him** english. (Shi is góing tu tich jim ínglish). **Ella va a enseñarle** inglés (a él).

5. **Can you hear me?** (Ken iú jir mi).
   ¿Puedes escucharme? (a mí).

6. **Can you help her?** (Ken iú jelp jer).
   ¿Puedes ayudarle? (a ella).

7. **I want to see them.** (Áy want tu si dem).
   Los quiero ver/quiero verlos (a ellos, a ellas).

8. **They are going to tell us.** (Déy ar going tu tel as). **Ellos van a decirnos/Ellos nos van a decir** (a nosotros, a nosotras).

9. **She lost it.** (Shí lost it). **Ella lo perdió** (a eso, el objeto).

10. **I need you.** (Áy nid iú). **Yo te necesito** (a tí, a usted).

11. **I need you.** (Áy nid iú). **Yo los necesito** (a ustedes).

TEMA 14

ADJETIVOS POSESIVOS

1. CONCEPTO

Los adjetivos posesivos en inglés son aquellos que nos ayudan a decir de quien es algo o a quien pertenece esto o aquello. En inglés se usan mucho, por eso te explicamos aquí detalladamente su uso, su estructura en una oración y ejemplos.

2. TABLA DE ADJETIVOS POSESIVOS Y SU RESPECTIVO SIGNIFICADO

Pronombre sujeto	Adjetivos posesivos	Traducción
I	My	Mi, mis
You	Your	Tu, tus
He	His	Su, sus (de él)
She	Her	Su, sus (de ella)
It	Its	Su, sus (de eso)
We	Our	Nuestra/s Nuestro/s
You	Your	Su,sus (de usted/es)
They	Their	Su, sus (de ellos/as)

Nota: Usamos el adjetivo posesivo **"its"** para algo que le pertenece a un lugar o a un animal.

Ejemplos de oraciones usando los adjetivos posesivos:

1. This is **my** house. (Dis is máy jáus). Esta es **mi** casa.

2. That is **your** book. (Dat is iór buk). Ese es **tu** libro.

3. This is **her** house. (Dis is jer jáus). Esta es **su** casa (de ella).

4. The dog knows **its** house. (De dog nóus its jáus).
   El perro conoce **su** casa (casa del mismo perro).

5. That is **our** car. (Dat is áur car). Ese es **nuestro** carro.

6. This is **their** dog. (Dis is der dog). Este es **su** perro (de ellos).

3. EXPLICACIÓN Y EJEMPLOS

En español los adjetivos posesivos tienen plural y singular, como también femenino y masculino. Se escriben de diferente manera, a diferencia que en inglés su escritura no varía.

- **En inglés el mismo "my" significa en singular "mi" y en plural "mis".**

Ejemplos:

1. This is **my** car. (Dis is máy car). Este es **mi** auto.
   These are **my** cars. (Dis ar máy cars). Estos son **mis** autos.

2. **Your** father is here (iór fader is jir). **Tu** papá está aquí.
   Your sisters are here (iór sísters ar jir).
   Tus hermanas están aquí.

3. This is **his** dog. (Dis is jis dog). Este es **su** perro (de él).
   These are **his** dogs. (Dis ar jis dogs). Estos son **sus** perros.

4. This is **her** toy. (Dis is jer toy). Este es **su** juguete (de ella).
   These are **her** toys. (Dis ar jer toys). Estos son **sus** juguetes.

5. The cat is drinking **its** milk. (De cat is drínking its milk).
   El gato está bebiendo **su** leche.

6. The cat is playing with **its** toys. (De cat is pléying with its toys).
   El gato está jugando con **sus** juguetes.

7. That is **our** house. (Dat is áur jáus).
   Aquella es **nuestra** casa.

8. Those are **our** dogs. (Dóus ar áur dogs).
    Aquellos son **nuestros** perros.

9. Those are **your** books. (Dóus ar iór buks).
    Aquellos son **tus** libros.

10. Those are **their** books. (Dóus ar der buks).
    Aquellos son **sus** libros. (De ellos).

TEMA 15

PRONOMBRES POSESIVOS

1. DEFINICIÓN

Los pronombres posesivos nos indican propiedad y sustituyen al nombre, es decir que algo le pertenece a alguien. En inglés siempre se escriben de la misma manera para masculino, femenino, singular o plural. En español su escritura cambia según el género, si es plural o singular.

2. PRONOMBRES POSESIVOS Y SUS SIGNIFICADOS

Pronombre objeto	Pronombres posesivos	Traducción
I	Mine	Mío, el mío, lo mío, la mía, los míos, las mías.
You	Yours	Tuyo, el tuyo, lo tuyo, la tuya, los tuyos, las tuyas, el suyo, lo suyo, la suya, los suyos, las suyas.
He	His	Suyo, el suyo, (de él), lo suyo, los suyos, las suyas.
She	Hers	Suyo, el suyo, (de ella), lo suyo, la suya, los suyos, las suyas.
It	No se usa	
We	Ours	Nuestro, el nuestro, (de nosotros), la nuestra, los nuestros, lo nuestro, las nuestras.
You	Yours	Suyo, suyos, suya, suyas, (de ustedes).(vuestro).
They	Theirs	Suyos, suyas, (de ellos).

3. EJEMPLOS DE ORACIONES USANDO LOS PRONOMBRES POSESIVOS

1. The car is **mine**. (De car is máin). El auto es **mío**.
   The cars are **mine**. (De cars ar máin). Los autos son **míos**.

2. The computer is **yours**. (De compiúta/compiúrer is iórs).
   La computadora es **tuya** (de usted).

   The computers are **yours**. (De compiútas/compiúrers ar iórs).
   Las computadoras son **tuyas**.

3. The toy is **his**. (De toy is jis). El juguete es **suyo** (de él).
   The toys are **his**. (De toys ar jis).
   Los jugutes son **suyos** (de él).

4. That car is **hers**. (Dat car is jers). Ese auto es **suyo**
   (de ella). Those cars are **hers**. (Dóus cars ar jers).
   Esos autos son **suyos** (de ella).

5. The shop is **ours**. (De shop is áurs). La tienda es **nuestra** (de
   nosotros). The shops are **ours**. (De shops ar áurs).
   Las tiendas son **nuestras** (de nosotros).

6. The dog is **yours**. (De dog is iórs). El perro es **tuyo**
   (de usted). The dogs are **yours**. (De dogs ar iórs).
   Los perros son **suyos** (de ustedes, vuestros).

7. The coffee is **theirs**. (De cófi is dérs). El café es **de ellos/de
   ellas**.

TEMA 16

REPASO DE LOS PRONOMBRES EN INGLÉS

Los pronombres personales y los distintos tipos de pronombres son temas claves para empezar a aprender el idioma inglés. Por este motivo es que hemos empezado desde el inicio de este libro, con los pronombres personales y sus diferentes tipos. A continuación estudio y repaso:

Pronombres sujeto o pronombres personales	Pronombres objeto	Adjetivos posesivos	Pronombres posesivos
I	Me	My	Mine
You	You	Your	Yours
He	Him	His	His
She	Her	Her	Hers
It	It	Its	No se usa
We	Us	Our	Ours
You	You	Your	Yours
They	Them	Their	Theirs

TEMA 17

ARTÍCULOS "THE", "A" Y "AN"

1. USO

El artículo definido **"the"** se usa para referirse a algo en concreto y determinado, y para demostrar que un sustantivo (cosa, objeto o animal) es específico. **"The"** se escribe siempre de la misma manera, porque no tiene género como en español (**el, la, los, las**).

1. **The** pen (de pen) **El** bolígrafo.

2. **The** house (de jáus) **La** casa.

3. **The** bank (de benk) **El** banco.

4. **The** cars are black. (De cars ar black).
   Los carros son negros.

5. **The** houses are green. (De jáuses ar grin).
   Las casas son verdes.

6. **The** book is on the table. (De buk is on de téibol).
   El libro está en la mesa.

2. CUÁNDO NO SE USA EL ARTÍCULO DEFINIDO "THE"

Algunas excepciones:

- No se usa cuando se habla de los **días de la semana.**

Ejemplos:

1. We are not going to work **on Monday**. (Wi ar nat góing tu work on mándey). No vamos a trabajar **el lunes.**

2. We will be busy **on Wednesday**. (Wi wil bi bísy on wénsdey). Estaremos ocupados **el miércoles.**

- No se usa cuando se habla de **cosas generales,** pero sí cuando se habla de algo más en específico.

Ejemplos:

1. **Cars are very fast.** (Cars ar véry fast).
   Los carros son muy rápidos.

   The blue cars are very fast, para este caso sí se usa el artículo the porque ya se han observado los carros azules, lo que quiere decir que ya es algo específico, porque ya se sabe acerca de cuáles se está hablando.

2. **Ferrari cars are very expensive.** (Ferrari cars ar véry exspénsiv).
   Los carros Ferrari son muy caros.

Otra explicación para hablar de algo específico en el que sí se usa el artículo **the,** sería de la siguiente forma:

The used Ferrari cars are cheaper. (De iúsd Ferrari cars ar chíper). Los carros usados Ferrari son más baratos.

En este caso, sí se usa el artículo **the** porque ya se conocen las características específicas (marca y usado) del tipo de carros del que se está hablando.

3. ARTÍCULO "A"

- El artículo **a** se usa antes de una palabra que empieza con consonante, el cual equivale a **un** o **una** en español.

    1. **A book** (a buk) **un libro**.

       That's **a book** on my bed. (Dats a buk on may bed).
       Ese es **un libro** sobre mi cama.

    2. **A snake** (a snéik) **una serpiente.**

       There is **a snake** on the street. (Der is a snéik on de strít). Hay **una serpiente** en la calle.

    3. **A bicycle** (a báicicol) **una bicicleta.**

       I have **a bicycle** in my garage. (Áy jav a báicicol in máy garách).
       Tengo **una bicicleta** en mi garaje.

4. ARTÍCULO "AN"

• El artículo **an** se usa antes de una palabra que inicia con vocal, el cual equivale a **un** o **una** en español.

Ejemplos:

1. **An orchid** (an órqid) **una orquídea**.

   I have **an orchid** in my garden. (Áy jav an órqid in máy gárden).
   Tengo **una orquídea** en mi jardín.

2. **An elephant** (an élefant) **un elefante**.

   There is **an elephant** at the park. (Der is an élefant at de park).
   Hay **un elefante** en el parque.

3. **An oven** (an óven) **un horno**.

   I have **an oven** in my kitchen. (Áy jav an óven in máy kítchen).
   Tengo **un horno** en mi cocina.

5. LA EXCEPCIÓN MÁS COMÚN EN EL CASO DEL ARTÍCULO "AN"

An hour (an áuer) **una** hora.

En este caso, la excepción es cuando la primera letra de la palabra es una consonante y esta no se pronuncia o es muda, entonces deberá usarse el artículo **an** en lugar del artículo **a**. Aunque, en la mayoría de los casos la **"h"** se pronuncia como una **"j"** en español.

TEMA 18

FUTURO CON "WILL"

1. DEFINICIÓN

En inglés, **will** se clasifica como un verbo auxiliar o modal para expresar tiempo futuro de un verbo que lo sigue, ya sea en oraciones afirmativas, negativas e interrogativas. Se usa **will** para expresar una promesa, una predicción o simplemente para indicar algo que se quiere hacer en el futuro.

2. ORACIONES AFIRMATIVAS CON "WILL"

Para formar oraciones afirmativas con **will** primero se escribe el **pronombre personal** o **sujeto,** seguido de **will,** luego **el verbo** y por último **el complemento,** si hay.

Ejemplos:

1. **I will travel** tomorrow. (Áy wil trável tumórrow).
   Yo viajaré mañana.

2. **You will play** in Managua (iú wil pléy in Managua).
   Tú jugarás en Managua / **Ustedes jugarán** en Managua

3. **He will work** at the hotel. (Jí wil work at de jotél).
   Él trabajará en el hotel.

4. **She will read** her book. (Shí wil ríd jer buk).
   Ella leerá su libro.

5. **It will be** hard. (It wil bí jard). **Estará** difícil (el trabajo, el asunto).

6. **We will be** in Managua tomorrow. (Wí wil bí in Managua tumórrow). **Nosotros estaremos** en Managua mañana.

7. **You will stay** at the hotel tonight (iú wil stéy at de jotél tunáit). **Ustedes se quedarán** en el hotel esta noche / **Tú te quedarás** en el hotel esta noche.

8. **They will play** football. (Déy wil pléy fútbol). **Ellos jugarán** fútbol.

3. FORMA INTERROGATIVA CON "WILL" CON RESPUESTAS AFIRMATIVAS Y NEGATIVAS

Para formar oraciones interrogativas con **will**, primero se escribe el mismo modal **will**, seguido del **pronombre personal** o **sujeto** (persona, animal o cosa que realiza la acción), luego **el verbo común** más **el complemento,** si hay. La contracción negativa de **"will not"** es **"won't"**, que simplemente se traduce como **"NO"**.

- Para las **respuestas afirmativas** primero se escribe **Yes,** seguido del **pronombre** o **sujeto,** luego **will,** más **el verbo** y **el complemento,** si hay.

- Para las **respuestas negativas** primero se escribe **No,** seguido del **pronombre** o **sujeto,** más **will not/won't,** y **el complemento,** si hay.

Ejemplos:

1. **Will you go** to the university? (Wil iú góu tu de iunivérsity/ iunivérsiry). **¿Irás (tú)** a la universidad?

   - Respuesta larga afirmativa:

   Yes, I will go to the university (iés, áy wil góu tu de iunivérsity/ iunivérsiry). **Sí, iré** a la universidad.

- Respuesta larga negativa sin contracción:

No, I will not go to the university. (Nóu, áy wil nat góu tu de iunivérsity/ iunivérsiry). **No, no iré** a la universidad.

- Respuesta larga negativa con contracción:

No, I won't go to the university. (Nóu, áy wont góu tu de iunivérsity/ iunivérsiry). **No, no iré** a la universidad.

4. MÁS EJEMPLOS DE LA FORMA INTERROGATIVA CON "WILL" Y SUS RESPUESTAS CORTAS AFIRMATIVAS Y NEGATIVAS

1. **Will you work** on Monday? (Wil iú work on mándey). **¿Trabajarás tú** el lunes? / **Trabajarán ustedes** el lunes?

   - Respuesta corta afirmativa: **Yes, I will** (iés áy wil). **Sí.**

   - Respuesta corta negativa:
   A) **No, I will not.** (Nóu, áy wil nat). **No.**

   B) **No, I won't.** (Nóu, áy wónt). **No.**

2. **Will they study** English on Monday? (Wil déy stádi / stári ínglish on mándey). **¿Estudiarán ellos** inglés el lunes?

   Yes, they will (iés, déy wil). **Sí.**

   No, they won't. (Nóu, déy wont). **No.**

   Nota: las respuestas tanto negativas como afirmativas también pueden ser largas o cortas.

3. **Will they study** English on Monday? (Wil déy stádi / stári ínglish on mándey). ¿**Estudiarán ellos** inglés el lunes?

- Respuesta larga afirmativa:
Yes, they will study English on Monday.

Sí, ellos estudiarán inglés el lunes.

- Respuesta larga negativa sin contracción: **No, they will not study** English on Monday.

No, ellos no estudiarán inglés el lunes.

- Respuesta larga negativa con contracción: **No, they won't study** English on Monday.

No, ellos no estudiarán inglés el lunes.

TEMA 19

FUTURO CON "GOING TO"

1. USO

Se usa **going to** seguido de un verbo en infinitivo (que no está conjugado) para expresar el futuro. Esta estructura equivale literalmente a **"yendo"**. El futuro con **going to** es muy utilizado en inglés, además muy sencillo de usar.

2. ESTRUCTURA AFIRMATIVA CON "GOING TO"

Para formar oraciones afirmativas en futuro con **going to** primero se escribe el **pronombre** o **sujeto,** seguido del verbo **to be** conjugado en presente (**am, is, are**), luego el **going to** más **el verbo** (en infinitivo) y **el complemento,** si hay.

Ejemplos:

1. **I am going to work** on Monday. (Áy am góing tu work on mándey). **Voy a trabajar** el lunes.

2. **She is going to study** English. (Shí is góing tu stádi / stári ínglish). **Ella va a estudiar** inglés.

3. **They are going to travel** to Costa Rica. (Déy ar góing tu trável tu Costa Rica). **Ellos van a viajar** a Costa Rica.

4. **María is going to walk** in the afternoon. (María is góing tu wók in di afternún). **María va a caminar** en la tarde.

   Nota: Cuando el verbo es el mismo to go, se omite para no ser redundante.

Ejemplo de este caso: **He is going to (to go)** the hotel tomorrow. (Jí is góing tu de jotél tumórrow).
Él va al hotel mañana.

3. ESTRUCTURA NEGATIVA CON "GOING TO"

Para formar oraciones negativas expresando el futuro con **going to,** primero se escribe **el pronombre** o **sujeto,** seguido del **"to be" en presente en forma negativa,** luego **going to** más **el verbo** (en infinitivo) y **el complemento,** si hay.

Ejemplos:

1. **I am not going to work** tomorrow. (Áy am nat góing tu work tumórrow). **No voy a trabajar** mañana.

2. **María and Pedro are not going to stay** here tonight. (María end Pedro ar nat góing tu stéy jir tunáit).
   María y Pedro no se van a quedar aquí esta noche.

3. **They are not going to finish** the project on time.
   (Déy ar nat góing tu fínish de próyect on táim).
   Ellos no van a terminar el proyecto a tiempo.

4. **She is not going to cook** for me. (Shí is nat góing tu cuk for mi).
   Ella no va a cocinar para mí.

5. **He is not going to drive** his car today. (Jí is nat góing tu dráiv jis car tudéy). **Él no va a conducir** su carro hoy.

6. **My father is not going to play** on Sunday.
   (Máy fáder is nat góing tu pléy on sándey).
   Mi papá no va a jugar el domingo.

7. **We're not going to** the birthday party tonight.
   (Wer nat góing tu de bérzdey párty / pári tunáit).
   Nosotros no vamos a la fiesta de cumpleaños esta noche.

4. ESTRUCTURA INTERROGATIVA CON "GOING TO" Y SUS RESPUESTAS AFIRMATIVAS Y NEGATIVAS

Para formar oraciones con **going to,** primero se escribe el **to be** en presente (**am, is, are**), seguido del **pronombre** o **sujeto,** luego **going to** más **el verbo** (en infinitivo) y **el complemento,** si hay.

Ejemplos:

1. **Are you going to** the city this afternoon? (Ar iú góing tu de cíty / círi dis afternún). **¿Vas a** la ciudad esta tarde?

   - Respuesta larga afirmativa: **Yes, I am going to** the city this afternoon.

   Sí, voy a la ciudad esta tarde.

   - Respuesta corta afirmativa: **Yes, I am. Sí.**

   - Respuesta larga negativa: **No, I am not going to** the city this afternoon.

   No, no voy a la ciudad esta tarde.

   - Respuesta negativa corta: **No, I am not. No.**

2. **Are they going to read** the book? (Ar déy góing tu rid de buk). **¿Van ellos a leer** el libro?

   - Respuesta afirmativa larga: **Yes, they are going to read** the book.

   Sí, ellos van a leer el libro.

- Respuesta afirmativa corta: **Yes, they are. Sí.**

- Respuesta negativa larga: **No, they are not going to read** the book.

No, ellos no van a leer el libro.

- Respuesta negativa corta: **No, they are not. No.**

TEMA 20

"THERE IS" Y "THERE ARE"

1. USO

Se usa **there is** y **there are** para expresar la existencia de algo que equivale en español a **hay**. De igual manera como usamos el verbo haber para indicar que hay o existe algo. Para construirlo usamos **there,** luego la forma **to be** en presente usando **is** o **are**. **There is** se usa para singular y **there are** para plural.

2. TABLA DE ESTRUCTURA

FORMAS	ESTRUCTURA		EJEMPLOS
AFIRMATIVO	Singular	**There is...**	**There is** a chair in the kitchen. **Hay** una silla en la cocina.
	Plural	**There are...**	**There are** five chairs in the kitchen. **Hay** cinco sillas en la cocina.

FORMAS	ESTRUCTURA		EJEMPLOS
NEGATIVO	Singular	**There isn't…**	**There isn't** time to play now. **No hay** tiempo para jugar ahora.
	Plural	**There aren't…**	**There aren't** any more books to read. **No hay** más libros para leer.
INTERROGATIVO	Singular	**Is there…?**	**Is there** a place for me? ¿**Hay** un lugar para mí?
	Plural	**Are there…?**	**Are there** dogs at home? ¿**Hay** perros en la casa?

3. FORMA AFIRMATIVA CON "THERE IS" Y "THERE ARE" EN PLURAL Y SINGULAR

Para formar la forma afirmativa primero se escribe **there is** o **there are** seguido del **"to be"** en presente usando **is** o **are** luego el **sustantivo**; es decir, la **cosa o persona, animal** o **lugar** y por último el **complemento,** si hay.

Plural

1. **There are** trees at the park. (Der ar tris at de park).
   Hay árboles en el parque.

2. **There are** three dogs on the street. (Der ar zruí dogs on de strit). **Hay** tres perros en la calle.

3. **There are** five chairs in the kitchen. (Der ar fáiv chers in de kítchen). **Hay** cinco sillas en la cocina.

4. **There are** birds flying on the beach. (Der ar bérds fláing on de bich). **Hay** aves volando en la playa.

5. **There are** frogs in the river. (Der ar frogs in de ríver).
   Hay ranas en el río.

Singular

1. **There is** a glass on the table. (Der is a glass on de téibol).
   Hay un vaso en la mesa.

2. **There is** an apple on the ground. (Der is an ápol on de gráund).
   Hay una manzana en el suelo.

3. **There is** a book on my bed. (Der is a buk on máy bed).
   Hay un libro sobre/en mi cama.

4. EJEMPLOS CON LA FORMA INTERROGATIVA "IS THERE" Y "ARE THERE" Y SUS RESPUESTAS

La forma contractada de **there is** se escribe **there's**, mientras que para **there are** no existe una contracción.

Asimismo, para la forma negativa de **there is not** se escribe **there's not** o bien **there isn't**.

Por otro lado, para **there are not** es **there aren't**.

Pero estas contracciones son informales a la hora de realizar un escrito formal, por lo tanto, son más utilizadas en la expresión oral.

Ejemplos:

1. **Are there** enough tables at the hotel? (Ar der ináf téibols at de jotél). ¿**Hay** suficientes mesas en el hotel?

   - Respuesta larga afirmativa: **Yes, there are** enough tables at the hotel. (iés, der ar ináf téibols at de jotél).
   Sí, hay suficientes mesas en el hotel.

   - Respuesta larga negativa: **No, there aren't** enough tables at the hotel. (Nóu, der árent ináf téibols at de jotél). **No, no hay** suficientes mesas en el hotel.

   - Respuesta corta afirmativa: **Yes, there are. Si, sí hay.**

   - Respuesta corta negativa: **No, there aren't. No, no hay.**

2. **Are there c**ows at the farm? (Ar der cáus at de fárm). ¿**Hay** vacas en la finca/granja?

   Yes, there are cows at the farm.
   Sí, sí hay vacas en la finca/granja.

   Yes, there are. Sí, sí hay.
   No, there aren't. No, no hay.

3. **Is there** a good restaurant here?
   (Is der a gud réstorant jir).
   Hay un buen restaurante aquí?

   Yes, there is a good restaurant here.
   (iés der is a gud réstorant jir).
   Yes, there is. Sí.

   No, there isn't. No.

Más ejemplos:

Singular

1. **There isn't** any food left in the cupboard. (Der ísent éni fud left in de cápbord). **No hay** nada de comida en el armario.

2. **There isn't** time to play. (Der ísent táim tu pléy).
   No hay tiempo para jugar.

Plural

1. **There aren't** any more books to read. (Der árent éni mor buks tu rid). **No hay** más libros para leer.

2. **There aren't** any more clouds in the sky. (Der árent éni mor cláuds in de skáy). **No hay** más nubes en el cielo.

TEMA 21

PRINCIPALES PRONOMBRES INTERROGATIVOS "WHERE" "WHAT" "WHEN" "HOW" "WHY" "WHO" "WHOM" "WHOSE" Y "WHICH"

USO: Los pronombres interrogativos se usan para hacer preguntas sobre un lugar, duración, una razón o una manera de hacer algo. Su escritura no varía.

LOS PRINCIPALES PRONOMBRES INTERROGATIVOS SON:

1- WHERE? (WÉR) ¿DÓNDE?

Se refiere al lugar donde sucede la acción del verbo, dónde está algo o de dónde es alguien.

1. **Where** do you live? (Wér du iú liv). **¿Dónde** vives?

2. **Where** are the tools? (Wér ar de tuls).
   ¿Dónde están las herramientas?

3. **Where** did that happen? (Wér did dat jápen).
   ¿Dónde sucedió eso?

2- WHAT? (WÁT) ¿QUÉ? SE USA PARA PREGUNTAR SOBRE UN OBJETO O CUALQUIER ACONTECIMIENTO.

1. **What** are you doing? (Wát ar iú dúing).
   ¿Qué estás haciendo/ **qué** haces?

2. **What** happened? (Wát jápend). **¿Qué** sucedió?

3. **What** do you think? (Wát du iú zínk). **¿Qué** piensas?

3- WHEN? (WÉN) ¿CUÁNDO? PARA PREGUNTAR ACERCA DEL MOMENTO EN QUE OCURRIRÁ U OCURRIÓ LA ACCIÓN

1. **When** are you leaving? (Wén ar iú lívin). ¿**Cuándo** te vas?

2. **When** are you going to start? (Wén ar iú góing tu stárt). ¿**Cuándo** vas a empezar?

3. **When** do you play? (Wén du iú pléy). ¿**Cuándo** juegas?

4- HOW? (JÁU) ¿CÓMO? PARA PREGUNTAR ACERCA DE LA MANERA O FORMA QUE OCURRE LA ACCIÓN

1. **How** did that happen? (Jáu did dat jápen). ¿**Cómo** sucedió eso?

2. **How** do we get there? (Jáu du wí gét der). ¿**Cómo** llegamos allá/ ahí?

3. **How** does it work? (Jáu das it work) ¿**Cómo** funciona eso?

Cuando usamos **how** en compañía de un adjetivo: **How fast...?** Se traduce como; ¿**Qué tan rápido...?**

Ejemplo:

1. **How fast** is the car? (Jáu fast is de car). ¿**Qué tan rápido** es el carro?

2. **How big** is the house? (Jáu big is de jáus). ¿**Qué tan grande** es la casa?

3. **How far** is it? (Jáu far is it). ¿**Qué tan lejos** es/ está eso?

4. **How deep** is the pool? (Jáu dip is de pul). ¿**Qué tan profunda** es la piscina?

5- WHY? (WÁY) ¿POR QUÉ?

Usamos **why** para preguntar la razón, causa o motivo por lo que algo sucedió, sucede o sucederá.

1. **Why** are you working here? (Wáy ar iú wórking jír). ¿**Por qué** estás trabajando aquí?

2. **Why** are you so happy? (Wáy ar iú so jápy). ¿**Por qué** estás tan feliz?

3. **Why** are you sad? (Wáy ar iú sad). ¿**Por qué** estás triste?

6- WHO? (JÚ) ¿QUIÉN? PARA PREGUNTAR ACERCA DE PERSONAS

1. **Who** is at home? (Jú is at jóum). ¿**Quién** está en casa?

2. **Who** is going to work at the hotel? (Jú is góing tu work at de jotél). ¿**Quién** va a trabajar en el hotel?

3. **Who** is helping you? (Jú is jélping iú). ¿**Quién** te está ayudando?

7- WHOM? (JUM) ¿QUIÉN?, ¿A QUIÉN?, ¿A QUIÉNES?, ¿A CÚAL?, ¿A CUÁLES?

Se usa para preguntar sobre personas que reciben o en las que recae la acción. En la actualidad **whom** no se usa frecuentemente en el inglés conversacional, pero si se usa al escribir y en lenguaje formal.

1. **Whom** are you going to ask? (Jum ar iú góing tu ask). ¿**A quién** le vas a preguntar?

2. **Whom** did they choose? (Jum did déy chus). ¿**A quién** eligieron ellos?

3. **Whom** did they invite? (Jum did déy inváit).
   A quién/es invitaron?

4. **Whom** are you going to meet on Monday? (Jum ar iú góing tu
   mit on mándey). ¿**A quién/es** vas a encontrar el lunes?

8- WHOSE? (JÚS) ¿DE QUIÉN?

Se usa para preguntar acerca de posesión o preguntar de al-
guien a quien le pertenece algo.

1. **Whose** car is this? (Jús car is dis).
   ¿**De quién** es este carro?

2. **Whose** house is that? (Jús jáus is dat).
   ¿**De quién** es esa casa?

3. **Whose** phone is that? (Jús fon is dat).
   ¿**De quién** es ese teléfono?

9- WHICH? (WICH) ¿CUÁL? O ¿CUÁLES?

Usamos **which** cuando queremos saber **cuál** o **cuáles** de las
opciones que hay, para preguntar de la opción especifica de la
que queremos saber o elegir.

1. **Which** house do you like? (Wích jáus du iú láik). ¿**Cuál** casa te
   gusta?

2. **Which** car is yours? (Wich car is iórs). ¿**Cuál** carro es el tuyo?

3. **Which** dog do you like? (Wich dog du iú láik). ¿**Cuál** perro te
   gusta?

También se usa **which** más el pronombre demostrativo **"one"**.

Which one? Que significa ¿Cuál? Se usa para evitar la repetición del sustantivo o de algo que ya se ha hablado. En este caso el perro.

Ejemplos:

1. **Which** dog do you like? (Wich dog du iú láik).
   ¿**Cuál** perro te gusta?

2. **Which one** do you like? (Wich uán du iú láik).
   ¿**Cuál (perro)** te gusta?

Which ones: (wich uáns). ¿**Cuáles?** Esta forma también se usa cuando hay varias opciones de algo que ya se conoce y queremos saber o elegir.

Ejemplos:

1. **Which** shoes do you prefer? (Wich shus du iú prifér). ¿**Cuáles** zapatos prefieres?

2. **Which ones** (shoes) do you prefer? (Wich uáns du iú prifér).
   ¿**Cuáles** prefieres?

TEMA 22

ADJETIVOS DEMOSTRATIVOS "THIS" Y "THESE", "THAT" Y "THOSE"

USO: Se usan para distinguir cosas según la posición, también determinan la distancia en la que se encuentra.

THIS: Se usa **"this"** si el sustantivo del que se habla está cerca y solamente para **singular.** El sustantivo (persona, objeto, animal o cosa) a la que nos estamos refiriendo debe estar cerca.

Su significado en español es: **ESTE, ESTO** (masculino) y **ESTA** (femenino).

Ejemplos:

1. **This** house is big. (Dis jáus is big). **Esta** casa es grande.

2. **This** chair is broken. (Dis cher is bróken).
   Esta silla está rota.

3. **This** is your phone. (Dis is iór fon). **Este** es tu teléfono.

THESE: Se usa cuando los sustantivos están cerca y solamente para **plural.** Los sustantivos (personas, objetos, animales o cosas) a los que nos estamos refiriendo deben estar cerca.

Su significado en español es:

ESTOS (masculino) **ESTAS** (femenino)

Ejemplos:

1. **These** fruits are for you. (Dis fruts ar for iú).
   Estas frutas son para tí.

2. **These** plants need more water. (Dis plants nid mor wárer/
   wóta). **Estas** plantas necesitan más agua.

3. **These** cars are very expensive. (Dis cars ar véri exspénsiv).
   Estos carros son muy caros.

THAT: Se usa cuando el sustantivo del que se habla está un poco más lejos de la persona que habla, y se usa para ser más enfático y específico y solamente para **singular.**

Su significado en español es: **ESE** en masculino y **ESA** en femenino.

Ejemplos:

1. **That** car is very fast. (Dat car is very fast).
   Ese carro es muy rápido.

2. **That** building is very big. (Dat bílding is véri big).
   Ese edificio es muy grande.

3. **That** plant is beautiful. (Dat plant is biúriful/ biútiful).
   Esa planta es muy bonita.

4. **That** woman is very nosy. (Dat wóman is very nousy).
   Esa mujer es muy curiosa.

THOSE: De igual manera que **"these"** se usa para plurales, cuando los sustantivos de los que se habla están un poco más lejos.

Su significado en español es: **ESOS, AQUELLOS** en masculino y **ESAS, AQUELLAS** en femenino.

Ejemplos:

1. **Those** cats are so beautiful. (Dóus cats ar sóu biúriful/ biútiful).
   Aquellos gatos son tan hermosos.

2. **Those** towels are clean. (Dóus táwuels ar clin).
   Aquellas toallas están limpias.

3. **Those** kayaks are broken. (Dóus káyaks ar bróken).
   Esos kayaks están rotos.

LA HORA

1. CÓMO DECIR LA HORA EN INGLÉS

Primero se empieza con:
Excuse me, what time is it? (Exsqiúsmi wát táim is it?)
Disculpe, ¿qué hora es?
It's equivale a **son las, to** a **para las, at** a **a las, pm** para pasado medio día y **am** para antes del mediodía.

Ejemplo: I will see you **at** 3:00 o' clock.
                    Te veo **a las** tres en punto.

EN INGLÉS HAY DISTINTAS FORMAS DE PREGUNTAR LA HORA

1. **What time is it?** (Wát táim is it). **¿Qué hora es?**

2. **Could you tell me the time, please?** (Cud iú tel mi de táim, plis). **¿Podría decirme la hora, por favor?**

2- LAS DISTINTAS MANERAS DE RESPONDER

It's… Son las…

1. **It's 6:21. It's six twenty-one.** (Its six tuéni/ tuénti uán). **Son las seis y veintiuno.**

2. **It's 6:21. It's twenty-one past six.** (Its tuéni/ tuénti uán past six). **Son las seis y veintiuno** (veintiuno después de las seis).

3. **It's 3:00. It's three o'clock.** (Its zruí oclók). **Son las tres en punto.**

3- USANDO "PAST" SIGNIFICA "DESPUES DE LAS"

4. **It's 6:10. It's ten past six.** (Its ten past six).
   Son las seis y diez (diez después de las seis).

5. **It's 4:05. It's five past four.** (Its fáiv past for).
   Son las cuatro y cinco (cinco después de las cuatro).

6. **It's 3:10. It's ten past three.** (Its ten past zruí).
   Son las tres y diez (diez después de las tres).

4- USANDO "TO" QUE SIGNIFICA "PARA LAS"

1. **It's 1:50. It's ten to two.** (Its ten tu tchú).
   Es la una y cincuenta (diez para las dos).

2. **It's 3:40. It's twenty to four.** (Its tuéni/ tuénti tu for).
   Son las tres y cuarenta (veinte para las cuatro).

3. **It's 6:55. It's five to seven.** (Its fáiv tu séven).
   Son las seis y cincuenta y cinco (cinco para las siete).

5- SE USA TAMBIÉN

(A) Quarter to… Un cuarto para las… (A) Quarter past…
Un cuarto después de las…

1. **It's 3:45. It's quarter to four.** (Its córer/córter tu for).
   Son las tres y cuarenta y cinco (un cuarto para las cuatro).

2. **It's 8:45. It's quarter to nine.** (Its córer/córter tu náin).
   Son las ocho cuarenta y cinco (un cuarto para las nueve).

3. **It's 4:15. It's quarter past four.** (Its córer/ córter past for).
   Son las cuatro y quince (un cuarto después de las cuatro).

4. **It's 5:15. It's quarter past five.** (Its córer/ córter past fáiv).
   Son las cinco y quince (un cuarto después de las cinco).

6- USO DE "HALF PAST…"

Literalmente significa media después de…

Ejemplo:

2:30. It's half past two. (Its jálf past tchú).
Son las dos y media (media hora después de las dos).

TEMA 24

NÚMEROS CARDINALES Y ORDINALES

Números Cardinales		Pronunciación	Traducción	Números Ordinales		Pronunciación	Traducción
1	One	Uán	Uno	1	First	Férst	Primero
2	Two	Tchú	Dos	2	Second	Sécond	Segundo
3	Three	Zruí	Tres	3	Third	Zérd	Tercero
4	Four	For	Cuatro	4	Fourth	Fóurz	Cuarto
5	Five	Fáiv	Cinco	5	Fifth	Fífz	Quinto
6	Six	Sixs	Seis	6	Sixth	Sicz	Sexto
7	Seven	Séven	Siete	7	Seventh	Sévenz	Séptimo
8	Eight	Éit	Ocho	8	Eighth	Éigz	Octavo
9	Nine	Náin	Nueve	9	Ninth	Náinz	Noveno
10	Ten	Ten	Diez	10	Tenth	Tenz	Décimo
11	Eleven	iléven	Once	11	Eleventh	ilévenz	Undécimo
12	Twelve	Tuélf	Doce	12	Twelfth	Tuéflz	Duodécimo
13	Thirteen	Zirtín	Trece	13	Thirteenth	Zertínz	Decimotercero
14	Fourteen	Fourtín	Catorce	14	Fourteenth	Fortínz	Decimocuarto
15	Fifteen	Fiftín	Quince	15	Fifteenth	Fiftínz	Decimoquinto
16	Sixteen	Sixtín	Dieciséis	16	Sixteenth	Sixstínz	Decimosexto
17	Seventen	Seventín	Diecisiete	16	Seventeenth	Seventínz	Decimoséptimo
18	Eighteen	Eitín	Dieciocho	18	Eighteenth	Eitínz	Decimooctavo
19	Nineteen	Naintín	Diecinueve	19	Nineteenth	Naintínz	Decimonoveno
20	Twenty	Tuénty/ tuéni	Veinte	20	Twentieth	Tueniéz	Vigésimo
30	Thirty	Zerí/ zérty	Treinta	30	Thirtieth	Zeriéz	Trigésimo
40	Forty	Fóry/ fórty	Cuarenta	40	Fortieth	Foriéz	Cuadragésimo
50	Fifty	Fífty	Cincuenta	50	Fiftieth	Fiftiéz	Quincuagésimo

TEMA 25

LOS COLORES

	Colores	Pronunciación	Traducción
1	Red	Red	Rojo
2	White	Wáit	Blanco
3	Black	Blak	Negro
4	Green	Grín	Verde
5	Blue	Blu	Azul
6	Sky-blue	Skáiblu	Celeste
7	Yellow	iélou	Amarillo
8	Orange	Óranch	Naranja/anaranjado
9	Purple	Púrpol	Morado/lila
10	Pink	Pink	Rosa/rosado
11	Brown	Bráun	Café
12	Gray	Grey	Gris
13	Golden	Gólden	Dorado
14	Silver	Sílver	Plateado
15	Turquoise	Túrqois	Turquesa

TEMA 26

VERBOS MÁS USADOS EN INGLÉS Y VOCABULARIO GENERAL

1. to be (tu bi) ser o estar
2. to write (ráit) escribir
3. to speak (spík) hablar
4. to work (work) trabajar
5. to tell (tel) decir, contar
6. to walk (wok) caminar, andar
7. to understand (ondersténd) entender
8. to take (téik) tomar, llevar
9. to say (séy) decir
10. to see (si) ver
11. to play (pléy) jugar
12. to eat (it) comer
13. to drink (drink) beber
14. to drive (dráiv) manejar, conducir
15. to swim (suím) nadar
16. to have/ has (jav/jas) tener
17. to think (zink) pensar
18. to ask (ask) preguntar
19. to come (cam) venir
20. to go (góu) ir
21. to start (start) iniciar
22. to bring (bring) traer
23. to buy (báy) comprar
24. to need (nid) necesitar
25. to know (nóu) conocer
26. to find (fáind) encontrar
27. to put (put) poner
28. to call (col) llamar
29. can (ken) poder
30. to teach (tich) enseñar
31. to clean (clin) limpiar
32. to do (du) hacer
33. to make (méik) hacer, crear
34. to decide (disáid) decidir
35. to send (send) enviar
36. to wash (wash) lavar
37. to study (stári/ stády) estudiar
38. to finish (fínish) terminar
39. to stop (stáp) parar
40. to get (gét) obtener

VOCABULARIO GENERAL

1. book (buk) libro
2. backpack (bákpak) mochila
3. calculator (calculéiror/ calculéita) calculadora
4. notebook (nótbuk) cuaderno
5. paper (péiper) papel
6. pen (pen) bolígrafo
7. pencil (pénsol) lápiz
8. ruler (rúler) regla
9. bus (bas) bus
10. bicycle (báicicol) bicicleta
11. motorcycle (mórorsaicol) motocicleta
12. car (car) carro
13. ferry (férri) barco, transbordador
14. truck (trák) camión
15. house (jáus) casa
16. hotel (jotél) hotel
17. street (strit) calle
18. park (park) parque
19. road (róud) Carretera
20. river (ríver) río
21. tree (truí) árbol
22. bed (bed) cama
23. wall (wol) pared
24. shoes (shus) zapatos
25. fish (fish) pescado
26. cow (cáu) vaca
27. dog (dog) perro
28. time (táim) tiempo
29. hour (áuer) hora
30. minute (mínit) minuto
31. stone (stóun) piedra
32. plant (plant) planta
33. hand (jend) mano
34. body (bári/ body) cuerpo
35. head (jed) cabeza
36. happy (jápy) feliz
37. sad (sad) triste
38. tall (tol) alto
39. short (short) corto, bajo
40. foot (fut) pie

TEMA 27

ALGUNAS PREGUNTAS Y FRASES COTIDIANAS

1. How are you? (Jáu ar iú). ¿Cómo estás?

2. Where are you from? (Wér ar iú from). ¿De dónde eres?

3. What time is it? (Wát táim is it). ¿Qué hora es?

4. Can you help me? (Ken iú jelp mi). ¿Puedes ayudarme?

5. Can I help you? (Ken áy jelp iú). ¿Puedo ayudarte?

6. How much is it? (Jáu mach is it). ¿Cuánto cuesta?

7. Do you understand? (Du iú ondersténd). ¿Entiendes?

8. What is your name? (Wát is iór néim). ¿Cómo te llamas?

9. My name is… (Máy néim is). Me llamo…/ Mi nombre es…

10. I am from… (Áy am from). Yo soy de…

11. I live in… (Áy live in). Yo vivo en…

12. What is your phone number? (Wát is iór fon námber). ¿Cuál es tu número de teléfono?

13. What are you doing? (Wát ar iú dúing). ¿Qué estás haciendo?

14. What's happening? (Wáts jápening). ¿Qué sucede/pasa?

15. In my opinion. (In máy opínion). En mi opinión.

16. I don't know. (Áy dont nóu). No sé.

17. I don't understand. (Áy dont onsterténd). No entiendo.

18. I have no idea. (Áy jav nóu aidía). No tengo idea.

19. How do we get there? (Jáu du wi get der).
¿Cómo llegamos allá/ ahí?

EJERCICOS DE CADA TEMA

TEMA 1

EJERCICIOS USANDO LOS PRONOMBRES PERSONALES

Complete el espacio en blanco con el pronombre correcto.

1. I have a motorbike. _____ is red.

    Tengo una motocicleta. _____es roja.

2. I have a sister. _____ is very beautiful.

    Tengo una hermana. _____es muy bonita.

3. Peter and Ana are working hard. _____ are very tired

    Pedro y Ana están trabajando duro. _____ están muy cansados.

4. María is playing. _____ plays.

    María está jugando. _____ juega.

5. The children are very happy. Because _____ are at home

    Los niños están muy felices. Porque _____ están en casa.

6. Peter_____

7. María _____

TEMA 2

EJERCICIOS CON EL VERBO "TO BE"

Complete el espacio en blanco con el "to be" en presente simple correspondiente (am, is, are).

1. _____ she happy?

   ¿_____ ella feliz?

2. _____ she at the hotel?

   ¿_____ ella en el hotel?

3. Juan _____ working.

   Juan _____ trabajando.

4. I _____ very happy.

   Yo _____ muy feliz.

5. She _____ a girl.

   Ella _____ una chica.

6. I _____ a student.

   Yo _____ un estudiante.

7. It _____ a red flower.

   Esa _____ una flor roja.

8. María _____ my friend.
   María _____ mi amiga.

9. I _____ 20 years old.
   Yo _____ 20 años (de edad).

10. _____ she 21 years old?
    ¿_____ ella 21 años?

11. Peter _____ at the hotel now.
    Peter _____ en el hotel ahora.

12. I _____ reading a book.
    Yo _____ leyendo un libro.

13. Where _____ María?
    ¿Dónde _____ María?

14. Why _____they very happy?
    ¿Por qué _____ ellos muy felices?

15. Juan _____ at home.
    Juan _____ en casa.

16. Where _____ my dog?
    ¿Dónde _____ mi perro?

17.   The flower _____ yellow.
       La flor_____ amarilla.

18.   The bus _____ late.
       El bus _____ tarde.

19.   Martha and Karina _____ very smart.
       Martha y Karina _____ muy inteligentes.

20.   I _____ ready.
       Yo _____ listo.

TEMA 3

EJERCICIOS CON EL VERBO "TO BE" EN PASADO

Complete el espacio en blanco con el pasado del verbo "to be" (was, were) correspondiente.

1. You _____ in Germany last year.

   Tú _____ en Alemania el año pasado.

2. I _____ at home yesterday.

   Yo _____ en casa ayer.

3. Where _____ you last week?

   ¿Dónde _____ la semana pasada?

4. Where _____ she last week?

   ¿Dónde _____ ella la semana pasada?

5. Where _____ they last year?

   ¿Dónde _____ ellos el año pasado?

6. _____ you very happy?

   ¿_____ tú muy feliz?

7. _____ they very busy yesterday?

   ¿_____ ellos muy ocupados ayer?

8   I _____ very tired.

       Yo _____ muy cansado.

9.   _____ you at the hotel last night?

       ¿_____ tú en el hotel anoche?

10.   I _____ _____ at home yesterday.

       Yo _____ _____ en casa ayer.

11.   They _____ _____ working.

       Ellos _____ _____ trabajando.

12.   _____ you very busy?

       _____ tú muy ocupado/a?

13.   I _____ very tired.

       Yo _____ muy cansado.

14.   My friends _____ very curious.

       Mis amigos _____ muy curiosos.

15.   It _____ a beautiful day.

       Fue un día muy hermoso.

16. My friend _____ unhappy.

Mi amigo no _____ feliz.

17. The teacher _____ very helpful.

El profesor _____ de mucha ayuda.

18. The teacher _____ _____ very helpful.

El profesor _____ _____ de mucha ayuda.

19. How _____ your day?

¿Cómo _____ su día?

20. They _____ very hungry.

Ellos _____ muy hambrientos.

TEMA 4

EJERCICIOS CON EL PRESENTE SIMPLE INTERROGATIVO DEL VERBO "TO BE"

Complete el espacio en blanco de las oraciones interrogativas con el verbo "to be" en presente simple (am, is, are).

1. _____ you sad?

    ¿_____ tú triste?

2. _____ she happy?

    ¿_____ ella feliz?

3. _____ they at the hospital?

    ¿_____ ellos en el hospital?

4. _____ my mother at home?

    ¿_____ mi mamá en casa?

5. _____ she a lawyer?

    ¿_____ ella (una) abogada?

6. _____ it a dog?

    ¿_____ (el) un perro?

7. _____ he busy?

   ¿_____ él ocupado?

8. _____ he your brother?

   ¿_____ él tu hermano?

9. _____ she your sister?

   ¿_____ ella tu hermana?

10. _____ it raining?

    ¿_____ lloviendo?

TEMA 5

EJERCICIOS DE LAS CONTRACCIONES DEL VERBO "TO BE" EN PRESENTE AFIRMATVO Y NEGATIVO

Complete el espacio en blanco usando las respectivas contracciones del verbo "to be"

1.	I am at home now. _____ at home now.

	Yo estoy en casa ahora.

2.	He is very smart. _____ very smart.

	Él es muy inteligente.

3.	She is working at the hotel. ____ working at the hotel.

	Ella está trabajando en el hotel.

4.	We are not working today. _____ not working today.

	Nosotros no estamos trabajando hoy.

5.	I am not staying here tonight. _____ not staying here tonight.

	Yo no me estoy quedando aquí esta noche.

6-	He is not traveling with us. ____ not traveling with us.

	Él no está viajando con nosotros.

7.   We are reading the red book. _____ reading the red book.

Nosotros estamos leyendo el libro rojo.

8.   She is cleaning. _____ cleaning.

Ella está limpiando.

9.   He is doing his job. _____ is doing his job.

Él está haciendo su trabajo.

10.   I am not drinking enough water. _____ not drinking enough water.

Yo no estoy tomando suficiente agua.

11.   I am not very hungry. _____ not very hungry.

No tengo mucha hambre.

12.   It is raining. _____ raining.

Está lloviendo.

TEMA 6

EJERCICIOS CON EL VERBO "TO BE" INTERROGATIVO

Complete el espacio en blanco con el verbo "to be" en presente simple.

1.   _____ she at the park?

   ¿_____ ella en el parque?

2.   _____ they at work?
   ¿Están ellos en el trabajo?

3.   _____ you ready?
   ¿Estás listo/a?

4.   _____ you there?
   ¿Estás ahí?

5.   _____ he at work?
   ¿Está él en el trabajo?

6.   _____ she on the way?
   ¿Está ella en camino?

7. _____ your mother sick?

¿Está tu mamá enferma?

8. _____ the computer on the table?

¿Está la computadora en la mesa?

9. _____ the bananas ripe?

¿Están las bananas maduras?

10. _____ the children very happy?

¿Están los niños muy felices?

11. _____ the music too loud?

¿Está la música muy alta?

12. _____ they on the beach?

Están ellos/as en la playa?

13. _____ you hungry?

¿Tienes hambre?

TEMA 7

EJERCICIOS CON EL PRESENTE SIMPLE AFIRMATIVO

Complete el espacio en blanco con el verbo en presente simple según el pronombre correspondiente.

1. I _____ basketball. (Play)

    Yo juego baloncesto.

2. She _____ at the hardware store. (work)

    Ella trabaja en la ferretería.

3. He_____ to do it. (try)

    El intenta hacerlo.

4. They _____ a ride. (need)

    Ellos necesitan un aventón.

5. She _____ the eggs. (fry)

    Ella fríe los huevos.

6. He _____ the phone. (fix)

    Él repara el teléfono.

TEMA 8

EJERCICIOS CON PREGUNTAS USANDO "DO" Y "DOES"

Complete el espacio en blanco con do o does, según corresponda.

1. _____ you understand? (Do/does)

   ¿Entiendes?

2. _____ she take her medicine?

   ¿Toma ella su medicina?

3. _____ you like the coffee?

   ¿Te gusta el café?

4. _____ they stay here tonight?

   ¿Se quedan ellos aquí esta noche?

5. _____ the computer work?

   ¿Funciona la computadora?

6. _____ your mother like the city?

   ¿Le gusta la ciudad a tu mamá?

TEMA 9

EJERCICIOS CON ORACIONES NEGATIVAS EN PRESENTE SIMPLE (DON'T Y DOESN'T)

Complete el espacio en blanco usando don't y doesn't.

1.   It ______ fit you. (Don't y doesn't)
No te queda.

2.   The workers ______ want to work harder.
Los trabajadores no quieren trabajar más duro.

3.   The dog______ like to eat vegetables.
Al perro no le gusta comer vegetales.

4.   María______ love her boyfriend.
María no ama a su novio.

5.   The book ______ fit in my pocket.
El libro no cabe en mi bolsillo.

6.   The customer ______ like the room.
Al cliente no le gusta la habitación.

TEMA 10 Y 11

EJERCICIOS EN PRESENTE PROGRESIVO

Llene lo faltante en la oración con el verbo en gerundio.

1. They are _______ soccer at the beach. (Play)
   Están jugando fútbol en la playa.

2. John is _______ for me. (Pray)
   John ora por mi.

3. I am _______ a letter. (Write)
   Yo estoy escribiendo una carta.

4. I am _______ my water. (Drink)
   Estoy tomando mi agua.

5. The people are _______ in front of us. (Yell)
   Las personas están gritando al frente de nosotros.

6. She is _______ my business. (Run)
   Ella está a cargo de mi negocio.

TEMA 12

EJERCICIOS CON LOS VERBOS MO-DALES MÁS USADOS (CAN, SHOULD, COULD, WILL, WOULD, MUST)

Llene el espacio en blanco con el modal correspondiente.

1. _____ I check your homework?

   ¿Puedo revisar tu tarea?

2. _____ you work on Saturday?

   ¿Trabajarás el sábado?

3. _____ I do it?

   ¿Debería hacerlo?

4. _____ you travel with me next week?

   ¿Viajarías conmigo la próxima semana?

5. She _____ work on weekends.

   Ella debe trabajar los fines de semana.

6. I _____ help you if you need it.

   Te podría ayudar si lo necesitas.

TEMA 13

EJERCICIOS CON LOS PRONOMBRES OBJETOS

Llene el espacio en blanco con el objeto pronombre correspondiente.

1.   I can hear _____. (They)

      Puedo escucharlos.

2.   You need to talk to_____. (She)

      Necesitas hablar con ella.

3.   My mom loves _____. (He)

      Mi mamá lo ama.

4.   She gets along with _____. (We)

      Ella se lleva bien con nosotros.

5.   My parents don't want to see _____. (It)

      Mis padres no quieren ver eso.

6.   He likes to talk to_____. (She)

      A él le gusta hablarle.

TEMA 14

EJERCICIOS USANDO ADJETIVOS POSESIVOS

Completa la oración con el adjetivo posesivo correspondiente.

1. That is _____ house. (She)
    Esa es su casa.

2. This is _____ book. (You)
    Este es tu libro.

3. Those are _____ phones. (They)
    Esos son sus teléfonos.

4. _____ mom will be here. (He)
    Su mamá estará aquí.

5. She doesn't need _____ car. (You)
    Ella no necesita tu carro.

6. I will wear _____ cap. (He)
    Yo me pondré su gorra (de él).

TEMA 15

EJERCICIOS USANDO LOS PRONOM-BRES POSESIVOS

Complete el espacio faltante con el pronombre posesivo correcto.

1. That apple is _____. (I)

   Esa manzana es mía.

2. The house is _____. (You)

   La casa es tuya.

3. That motorbike is _____. (She)

   La motocicleta es de ella.

4. The shoes are_____. (He)

   Los zapatos son de él.

5. The books are_____. (They)

   Los libros son de ellos.

6. The towel is _____. (She)

   La toalla es de ella.

TEMA 16

EJERCICIOS CON LOS PRONOMBRES EN INGLÉS

Llene el espacio en blanco de la tabla con el pronombre correspondiente.

Pronombres sujeto o pronombres personales	Pronombres objeto	Adjetivos posesivos	Pronombres posesivos
I			
You			
He			
She			
It			
We			
You			
They			

TEMA 17

EJERCICIOS CON LOS ARTÍCULOS "THE", "A" Y "AN"

Complete el espacio en blanco con el artículo que le corresponda.

1. _____ phone is black.

   El teléfono es negro.

2. _____ the book is yours.

   El libro es tuyo.

3. That is _____ big book.

   Ese es un libro grande.

4. That is _____ animal on the street.

   Ese es un animal en la calle.

5. That was _____ accident.

   Fue un accidente.

6. _____ car is broken.

   El carro está roto.

TEMA 18

EJERCICIOS DEL FUTURO CON "WILL"

Complete el espacio en para formar el futuro de la oración.

1.   She _____ play with me.
Ella jugará conmigo.

2.   They _____ clean the house tomorrow.
Ellos limpiarán la casa mañana.

3.   _____ you travel on Monday?
Yes, I _____ travel on Monday.
¿Viajarás el lunes? Sí, yo viajaré el lunes.

4.   _____ they pay the bill?
No, they _____ _____ pay the bill.
¿Pagarán ellos la cuenta?
No, ellos no pagarán la cuenta.

5.   _____ she stay with us tonight?
No, she _____.
¿Se quedará ella con nosotros esta noche? No.

6.   _____ you drive my car? Yes, I _____.
¿Conducirás mi carro? Sí.

TEMA 19

EJERCICIOS USANDO "GOING TO" PARA EL FUTURO

Complete el espacio en blanco para formar el futuro.

1. She is _______________ clean the table.
   Ella va a limpiar la mesa.

2. They are _______________ hire me.
   Ellos me van a contratar.

3. Are they _______________ buy the property?
   ¿Van ellos a comprar la propiedad?

4. Are we _______________ stay here tonight?
   ¿Nos vamos a quedar aquí está noche?

5. I am _______________ to take the taxi.
   Voy a tomar el taxi.

6. Is he _______________ to be my guide?
   ¿Va él a ser mi guía?

TEMA 20

EJERCICIOS CON "THERE IS" Y "THERE ARE"

Complete las oraciones con "there is" o "there are" para expresar la existencia de algo.

1. ______________ are horses on the street.

   Hay caballos en la calle.

2. ______________ horses on the street?

   ¿Hay caballos en la calle?

3. ______________ three glasses on the table.

   Hay tres vasos en la mesa.

4. ______________ three glasses on the table?

   ¿Hay tres vasos en la mesa?

5. ______________ a computer on bed.

   Hay una computadora en la cama.

6. ______________ a bus station around here?

   ¿Hay una estación de bus por aquí?

TEMA 21

EJERCICIOS CON PRONOMBRES INTERROGATIVOS

Complete el espacio en blanco con es pronombre interrogativo correspondiente del tema.

1. __________ would you like to go?

   ¿Dónde te gustaría ir?

2. __________ are the toys?

   ¿Dónde están los juguetes?

3. __________ are you available to talk?

   ¿Cuándo estás disponible para hablar?

4. __________ big is the land?

   ¿Qué grande es el terreno?

5. __________ is your father?

   ¿Quién es tu papá?

6. __________ are you late?

   ¿Por qué estás tarde?

TEMA 22

REPASO Y EJERCICIOS CON LOS ADJETIVOS DESMOSTRATIVOS "THIS" Y "THESE", "THAT" Y "THOSE"

Nota: Para oraciones afirmativas primero se escribe en verbo "to be" en presente simple (is, are) + el adjetivo demostrativo, más el resto de la oración.

Ejemplo:

This is my house. Esta es mi casa.

That is my dog.   Ese es mi perro.

Nota: Para formar oraciones interrogativas primero se escribe le verbo "to be" en presente simple (is, are) + el adjetivo demostrativo, mas el resto de la oración.

Ejemplo:

Is this my house? ¿Es esta mi casa?

Is that my dog?   ¿Es ese mi perro?

Complete el espacio en blanco con el adjetivo demostrativo correspondiente.

1. ______ is my car.
    Este es mi carro.

2. is ______ my car?
    ¿Es este mi carro?

3. Are ______ new chairs?
    ¿Son aquellas sillas nuevas?

4. ______ are my parents.
    Estos son mis padres.

5. Are ______ your shoes?
    ¿Son estos tus zapatos?

6. ______ is your food.
    Esta es su comida.

7. Is ______ her book?
    ¿Es este el libro de ella?

8. ______ is her mother.
    Aquella es la mamá de ella.

TEMA 23

EJERCICIOS CON LA HORA

Traducir las siguientes oraciones.

1. Excuse me, what time is it?

    ____

2. What time is it?

    ____

Complete el espacio en blanco en la oración.

1. It's five _____ one.
    La una y cinco/cinco después de la una.

2. It's _____ _____.
    Son las dos y media.

3. The meeting is _____ two p.m.

4. It's _____ thirty.
    Son las tres y treinta.

www.ingramcontent.com/pod-product-compliance
Lightning Source LLC
Chambersburg PA
CBHW062227160726
48002CB00017B/677